Decamerone londinese
Seconda parte

Produttore ed editore:
BoD – Books on Demand, Norderstedt
Copyright: 2019 Karl Heinz Landenberger
ISBN 978-3-7357-9402-4

Bilancio ad interim dell'editore

Sono passati molti mesi tra la pubblicazione della 1° parte del Decamerone londinese, che comprende le giornate da 1 a 5, e la 2° parte con le giornate 6, 7 e 8. Abbastanza tempo per trarre delle conclusioni provvisorie. A partire dalle discussioni e dalle lettere dei lettori, è stato possibile studiare la reazione del pubblico al Decamerone londinese. È sorprendente vedere quanto i giudizi sui racconti londinesi varino in base agli interessi del lettore.

Scapa-Flow

Un lettore, il quale aveva appena fatto un viaggio alle isole Orcadi, mi ha informato che affermare si trattasse del più grande cimitero navale non era del tutto corretto. Un imprenditore americano avrebbe infatti ottenuto il permesso di recuperare e rottamare i relitti dietro versamento di 40.000 dollari. In fin dei conti quindi la superba flotta imperiale valeva tuttora 40.000 dollari.

Vecchia cartolina

In allegato all'e-mail aveva aggiunto una vecchia cartolina raffigurante la flotta militare tedesca in tutta la sua magnificenza, per l'ultima volta, prima dell'affondamento autoimposto.

Atti processuali

Un secondo allegato è rappresentato dalle copie dei documenti del processo contro il comandante, il quale ha arbitrariamente ordinato che queste orgogliose navi da guerra venissero semplicemente consegnate agli inglesi. Ma ora è stato condannato dagli inglesi.

Valore monetario

Un terzo allegato commentava che la Germania sconfitta avrebbe ora dovuto pagare il valore della flotta militare in marchi oro, ovvero: si aggiungevano ulteriori marchi oro oltre a quelli dovuti per le astronomiche cifre dell'indennità di guerra.

Letteratura nell'era digitale

Queste lettere dei lettori mettono in luce qualcosa di molto interessante. Arricchiscono il testo letterario originario grazie alle informazioni aggiuntive. Si dovrebbe trovare un modo per rendere queste informazioni accessibili a ogni lettore futuro. Magari i romanzi e i racconti potrebbero essere pubblicati online e tutti potrebbero aggiungere un link ai singoli capitoli o passaggi, cosicché un potenziale lettore possa cliccarvici, o anche no.

Data errata

Tutt'altra posizione persuase un ingegnere della fabbrica d'armi Heckler & Koch, azienda succeditrice di Mauser, a informare che Churchill avrebbe ricevuto la sua pistola Mauser come regalo per la maggiore età a 21 anni, anziché a 18. La pistola porta il nome G96, poiché entrò nel mercato nel 1896 e, in quanto prima pistola a ricarica automatica, fu una novità mondiale. Churchill nacque nel 1875, aveva quindi 21 anni nel 1896, quando sua madre gli regalò questo nuovissimo modello. Anche questa rettifica è interessante e merita di essere riportata.

Anarchici

Un'altra lettera degna di nota riportava che l'ultimo capitolo del racconto sull'attacco in Sydney Street fu contraddetto. Non si trattava affatto di innocui furfanti, bensì di appartenenti a un gruppo di anarchici in fuga, i quali arrivarono a Londra come rifugiati – refugees – in seguito alla fallimentare rivoluzione russa del 1905.

Grande spiegamento

L'azione di 200 poliziotti di Scotland Yard, altamente specializzati, prova che si trattò di una grande azione. I banditi possedevano armi Mauser semiautomatiche, migliori rispetto a quelle delle forze dell'operazione, perciò alla fine la polizia londinese dovette essere equipaggiata con armi superiori e più moderne.

Rifugiati

Questi rivoluzionari arrivarono come rifugiati nel Paese, quando i progetti per la rivoluzione e l'assassinio dello zar del 1905 furono terminati con la repressione della sommossa e i sobillatori vennero perseguiti penalmente. A Londra furono accolti benevolmente, un'accoglienza che tuttavia non li distolse dal migliorare le loro situazioni finanziarie tramite rapine in banca e razzie.

Espropriazione degli espropriatori

Questo era il loro motto. Volevano introdurre le società senza classi anche in Inghilterra, progetto che però non ricevette pieni consensi. Quello che i più influenti circoli londinesi consideravano assolutamente auspicabile in Russia, non lo avrebbero necessariamente accettato nel proprio Paese.

L'appoggio che Stalin, Lenin e altri, i quali vissero a Londra per un periodo, potevano richiedere, cominciò a calare sensibilmente, cosicché i rivoluzionari dovettero cercare rifugio in altre città. Lenin, ad esempio, andò a Zurigo.

Sottovalutazione

La minimizzazione degli atti terroristici anarchici vale anche per la battaglia di Sydney Street. In fondo si parlava solo di due innocui furfanti, benché fosse palese che un importante gruppo di anarchici baltici avesse preso parte all'attacco.
Georg Gardstein e Max Schmoller, gli unici trovati carbonizzati nella cantina e le cui ceneri vennero raccolte con la scopa, appartenevano da tempo a questo gruppo e precedentemente avevano già preso parte al Tottenham Outrage e all'assassinio di Houndsditch, per il quale avevano scavato un tunnel attraverso un muro di una gioielleria.
Di Peter Piatkow invece si perse ogni traccia all'epoca. Era un capo della rivolta. Probabilmente è bruciato completamente in uno dei piani superiori. Gli altri partecipanti Jakob Vogel, Luba Milstein, Fritz Schwarz e Jakob Peters furono prosciolti, in quanto non era possibile documentare una loro diretta partecipazione.
È un po' come oggi, quando si riscontra che una vittima di violenza è stata picchiata sulla tempia con una scarpa, come a Chemnitz, e poi in seguito si stabilisce che la vittima non è deceduta a causa della ferita alla testa, bensì per un collasso cardiaco già preesistente.

Divertente

Anche altre storie irrilevanti suscitarono interesse e portarono a una lettera. Il fatto che Churchill avesse sputato del Riesling, vino secco e per lui troppo aspro, nel rinomato hotel Dolder, provocò in uno scrittore la seguente considerazione. Egli non crede, che in questo caso lui abbia sputato nel piatto della vicina di tavolo. Anche sputare a terra non sarebbe stato possibile, in fondo era seduto a tavola. E sputare di lato sarebbe stato ancora più infattibile, a causa delle commensali sedute a ogni lato. Vista la notevole misura del tavolo, sputare nella tovaglia avrebbe causato un enorme sforzo. Poiché rimediare al danno significava dover sparecchiare completamente. Quindi rimase solo un'alternativa: sputare nel proprio piatto. Lo scrittore ha fatto delle ricerche, ma dove avesse sputato Churchill non era riportato da nessuna parte. Rimane un mistero, ma forse ha semplicemente sputato nel suo bicchiere. Quest'idea grandiosa mi è stata suggerita dalla mia segretaria Katrin.

Paragone

Lo scrittore ha inoltre subito contribuito con un paragone. Hitler era invitato a Monaco di Baviera dalla famiglia amica Hanfstaengl. Egli era notoriamente un astemio convinto. La signora Hanfstaengl riuscì nell'intento di predisporre Hitler all'assaggio di un piccolo bicchierino di Riesling particolarmente eccellente. Chi beve vino o birra per la prima volta, dapprima non ne resta particolarmente incantato. Andò così anche per Hitler. Il Premium Riesling gli parve aspro ma mandò giù il primo sorso con coraggio. Poi però pregò la signora Hanfstaengl di portargli la zuccheriera. Addolcì l'"acqua acidula" con un cucchiaino colmo di zucchero. Non voleva essere così maleducato da lasciare il bicchiere pieno.

Idea originale

Una coppia di amici che ha viaggiato molto, stranamente a Londra non ancora, si è lasciata ispirare dai miei racconti londinesi e si è recata a Londra in modo spontaneo per qualche giorno. Programma: procedere esattamente secondo

le direttive dei racconti. La lettura del mio libro era la preparazione. Perfino il cibo doveva venire consumato nei ristoranti descritti. Dunque primo giorno a Hyde Park con Fish and Chips allo Swan. Secondo giorno East End e Tower con agnello e cherrytomatoes. Terzo giorno gita sul Tamigi, Westminster Abbey e "war rooms" di Churchill, la sera Ratatouille alla French House. Quarto giorno Art Gallery e British Museum, poi zuppa di pesce da Jaimie. Quinto giorno St. Pauls e City of London e burger di necessità.
Nel seguente libro l'Hampton Court Palace, il Castello di Windsor e il "Wildpark Hampstead Heath" costituiscono la cornice per la sesta, settima e ottava giornata.
Magari durante un weekend programmate ulteriori tre giornate a Londra.

Creta

Un'altra famiglia aveva visto il cimitero di ossa dei paracadutisti tedeschi durante il suo viaggio a Creta. Si sentirono particolarmente toccati dalla storia dei paracadutisti. Questi ultimi, finché erano appesi in aria, rappresentavano un bersaglio ideale per il nemico. Le loro attrezzature e fucili, a causa del peso, dovevano essere gettati con dei paracaduti speciali. Dal momento in cui i soldati atterravano, passava poi molto tempo finché fossero pronti all'azione. Dovevano prima cercare le loro armi, e il paracadute al quale erano attaccate cadeva spesso molto lontano dal loro luogo di atterraggio.
Questo atterraggio e la conseguente espulsione delle milizie inglesi riuscì solo in seguito a perdite oltraggiose e rasenta il miracolo. Per questo va ringraziato solo lo sconfinato eroismo dei soldati tedeschi.

Eroismo

Dobbiamo davvero parlare di eroismo, perché a parte una potenza navale inglese nettamente superiore e 32.000 inglesi a Creta stessa, c'erano solo 22.000 paracadutisti tedeschi in azione. Di questi, più di 7.000, cioè un terzo, vennero abbattuti nella prima ora. Un paracadutista appeso in aria è un bersaglio ideale. Il fatto che i tedeschi siano comunque riusciti a scacciare gli inglesi è quasi incredibile.

Le fantasie di Churchill

Nonostante le perdite inconcepibili dei tedeschi, l'Inghilterra subì una sconfitta, di cui in fondo Churchill dovette rispondere giacché aveva ordinato lui l'avventura greca. Attribuì il fatto che gli inglesi fallirono nell'impedire ai tedeschi di conquistare Creta a un infame inganno da parte dei tedeschi. Questi si sarebbero lanciati travestiti da monaci e suore. Per questa ragione gli inglesi non avrebbero sparato. Presto però questa menzogna sembrò troppo poco plausibile perfino al suo creatore, per cui si corresse: sarebbero saltati giù in uniforme neozelandese. Perciò gli inglesi inizialmente li avevano presi per alleati. Questa almeno suonava un po' più credibile. A ogni modo, sono stato contento anche per questa lettera. Nell'era della comunicazione digitale, il lettore può collaborare a un libro e non si deve limitare solamente alla lettura passiva.

Sorprendente

Il capitolo per il quale mi aspettavo una maggiore risonanza, non è stato menzionato da alcun lettore. Mi riferisco al capitolo sull'attentato al Bürgerbräukeller a Monaco di Baviera. Se i servizi segreti britannici, su ordine di Churchill, non avessero comunicato alla Gestapo che Elser stava ricevendo 4.000 Reichsmark a Zurigo per la preparazione di un assassinio, probabilmente Elser non sarebbe stato messo sotto osservazione. L'attentato pianificato avrebbe potuto avere successo, cioè un successo tale che anche Hitler avrebbe potuto trovare la morte. In stile letteratura devozionale si potrebbe quindi affermare che Churchill ha salvato la vita di Hitler. Chi deve essergli grato per questo nobile gesto?

Correzioni minori

Il traduttore spagnolo ha molto accuratamente notato delle incongruenze minori. Mare Nostrum era per i romani il Mar Mediterraneo nella sua totalità e non solo l'Adriatico. La citazione di Nietzsche: "L'uomo è un tramonto e l'uomo è una transizione" non si trova nell'"Anticristo", bensì in "Così parlò Zarathustra".

Ulteriore correzione

Lo stesso traduttore ha inoltre corretto la notizia sul nonno di Unity Mitford, il quale non ha fatto la traduzione, ma ha solo scritto la prefazione.

Scherzi e detti spiritosi

Alcuni, in particolar modo quelli di Churchill, sono abbondantemente rappresentati. Ma naturalmente c'è molto di più. "No sport" è uno dei più conosciuti. A un ammiratore di Churchill mancava questo detto. Ha però subito precisato che questo ha una validità limitata. In gioventù Churchill deve essere stato perfino sportivo. Una volta fu addirittura il migliore della scuola a scherma col fioretto. La sua prima azione politica lo portò in India. Lì era considerato uno dei migliori giocatori di polo, sport che presuppone un'enorme mobilità.

Poker

Era anche un giocatore appassionato. Per festeggiare appropriatamente la vittoria su Hitler, una partita di poker con il presidente Truman era il coronamento della celebrazione. Per rinfrescare la memoria: Truman era il successore di Roosevelt, il quale morì poche settimane prima della fine della guerra. Churchill perse a questo gioco e in una serata regalò a Truman un intero milione di sterline britanniche. Era l'intero profitto dei suoi titoli di guerra. Nel 1938 aveva già perso il suo completo patrimonio, poiché la guerra non era scoppiata. Se Strakosch non lo avesse tratto d'impaccio, sarebbe stata venduta all'asta persino Chartwell, sua residenza privata. Nonostante ciò, nel 1939 rischiò di nuovo acquistando altri titoli di guerra. Però questa volta con più cautela e con somme minori, le quali fruttarono comunque 1 milione.

La generazione più giovane

Ho notato anche una tendenza generale. Nella ricezione dei racconti londinesi, per la generazione nata dopo la Seconda guerra mondiale, tutti gli eventi sono così lontani che non hanno più alcuna relazione con loro. Non hanno mai sentito i nomi dei politici più famosi, degli eroi di guerra, degli artisti dell'epoca. E nemmeno gli interessa. Questi sono ora i cinquantenni.

La generazione più recente

Hanno disimparato a leggere. Non sanno più processare in modo logico una frase ipotattica con coordinate e subordinate. Una successione di periodi di questo tipo supera chiaramente le loro capacità di concentrazione. Oggi su Whatsapp si parla e registra. Si scrive a malapena.

Audiolibro

Una soluzione per gli appartenenti alla fascia di età dai 20 ai 30 anni, potrebbe forse essere la realizzazione di un audiolibro. Lettere nere su carta bianca, la trasformazione in concetti richiede l'addestramento delle funzioni cerebrali che oggi la scuola non persegue più. Per i più giovani, anche questo è fuori questione. Per loro rimarrebbe solo la conversione in fumetti.

Adattamento cinematografico

La realizzazione di un buon film resta l'unica soluzione seria. Mi piacerebbe. Oppure un adattamento teatrale.

Predizione

Il prossimo anno verrà pubblicata la terza e ultima parte dei racconti londinesi. Comprenderanno la nona e la decima giornata.

Poscritto

Sono appena arrivate due lettere nella mia cassetta della posta, desidererei spiegarne il contenuto.

Polonia tradita

Il primo scrittore è particolarmente interessato al tradimento di Churchill ai danni della Polonia. Prima di tutto alla promessa infranta: intervenire qualora la Polonia fosse stata attaccata. Questo non accadde al momento dell'attacco tedesco e tantomeno dopo l'attacco dell'Unione Sovietica. Infine, poche settimane prima della fine della guerra, Churchill e gli Stati Uniti ritirarono tutto il sostegno al governo in esilio e lasciarono la Polonia come stato vassallo alla mercé di Stalin.

Caduta di un aereo a Gibilterra

Tuttavia, il peggio fu l'assassinio di Sikorski e dell'intero gruppo governativo tramite la caduta comandata dell'aereo sopra Gibilterra, durante la quale solo il pilota si salvò. Questo perlomeno è quanto illustra lo scrittore Hochhuth.

Hochhuth

Ha dato forma a questa tragedia nel dramma "Soldati", che ha suscitato interesse a livello internazionale. Giacché il pilota a quell'epoca era ancora in vita, e viene ritratto come complice dell'incidente aereo, la corte gli ha concesso un risarcimento per danni morali a causa della grave calunnia. Un'inappuntabile prova a favore della tesi di Hochhuth non esiste. I documenti sono a oggi tuttora sotto chiave, perché è una questione di segretezza.

Katyn'

Occasione per questa tragedia fu Katyn'. Il 13/04/1943, durante l'avanzata, i tedeschi scoprirono le fosse comuni di ufficiali e intellettuali polacchi. Era chiaro che i sovietici erano responsabili di questo massacro. Tuttavia, nel frattempo Churchill aveva lavorato con Stalin e dopo di ciò ci furono delle difficoltà. La colpa fu addossata ai tedeschi, ma i polacchi volevano un'indagine sui fatti. Si rivolsero alla Croce Rossa. Ma a Churchill non servivano problemi con Stalin. Per questo preferì sacrificare Sikorski e il suo governo polacco in esilio. Il pilota aveva già il giubbetto di salvataggio quando andò nella cabina di pilotaggio. L'unico testimone oculare dell'incidente testimoniò che l'aeroplano non precipitò, bensì effettuò un atterraggio senza carrello. Durante l'indagine non furono interrogati né il testimone oculare, né il pilota Edward Prchal, unico sopravvissuto. Un'indagine criminale sull'incidente fu esclusa, fondamentalmente, per motivi di segretezza.

La seconda lettera

Lo scrittore segnala che Churchill voleva nascondere che fosse lui a voler forzare l'abdicazione di Edoardo VIII.
Per questo motivo tenne un discorso in parlamento in cui fu l'unico a pronunciarsi contro l'abdicazione del re.
Il suo discorso fu fischiato, anche se non è chiaro se gli inneggiatori di fischi facessero parte dell'inganno o no.

"Il denaro è il re del mondo"

Però il mandante di Churchill, il quale impose l'abdicazione, era il Barone di Rothschild. Anch'esso era ansioso di nascondere il fatto. Egli invitò il re e Wallis Simpson a una grandiosa e ostentata cena durante la quale espresse il suo profondo rammarico per il fatto che Edoardo VIII volesse abdicare. Il re era abbastanza intelligente da stare al gioco, benché fosse, ovviamente, ben informato. Ma a cosa sarebbe servito uno scandalo se fosse diventato pubblico che chi ha i soldi, e chi possiede tutti i giornali, è più potente del re stesso? Di fatto lo sanno tutti: "Il denaro è il re del mondo". Solo che poi si sarebbe anche scoperto che il denaro ha un nome e che questo nome è Rothschild.

Un'ulteriore correzione

Un conoscente, docente di storia, ha segnalato che Houston deve essere cascato in una fake news. Ovvero quando assunse che i generali di Franco si rifiutavano di obbedire agli ordini a causa dell'alta corruzione. In verità il motivo sarebbe stato un altro. Franco avrebbe insistito sul fatto che, se avesse dovuto conquistare Gibilterra, anche il continente di fronte, cioè il Marocco, in cui la Spagna ha solo due enclave, Ceuta e Melilla, avrebbe dovuto far parte del suo bacino di utenza. Quest'area era ancora sotto il governo di Vichy, nonostante la resa. E Hitler non voleva rovinare tutto questo.

Divertente

Uno dei miei migliori amici, non lo vedo da molto tempo. Il lavoro lo impegna eccessivamente. Finalmente ieri sera è passato a trovarmi. Era molto importante per me, poiché sapevo che aveva acquistato i miei racconti londinesi e volevo scoprire come li ha giudicati. "Sono divertenti questi racconti", ha detto subito dopo i saluti. Questo mi ha reso particolarmente felice, tanto che vorrei inserire tra le reazioni dei lettori questa considerazione come ultimo supplemento. L'autore vorrebbe infatti che le sue storie non solo suscitino interesse, ma anche che la lettura sia piacevole per il pubblico. Schiller ha messo per iscritto questo contrasto due volte, con 4 parole:

"La vita è seria,
l'arte è gaia"

Il sesto giorno
Viaggio in autobus verso Hampton Court (6.1)

Houston mi ha promesso qualcosa di veramente speciale per questo giorno, qualcosa che i visitatori di Londra non riescono a vedere così facilmente. Vale a dire i meravigliosi giardini intorno al Hampton Court Palace. Hampton Court si trova sul Tamigi, ma alquanto lontano dal centro, alla periferia della città.
Per raggiungerlo, prendemmo uno di quegli autobus londinesi a due piani, perché nel tragitto volevamo vedere anche i quartieri di Londra, i quali ricordano piuttosto delle cittadine e sono in parte molto idilliaci, con i giardini frontali e le tipiche case unifamiliari.

Miroslav

Durante il viaggio mi raccontò anche che lì avremmo incontrato uno dei migliori amici della sua combriccola, il quale partecipa di tanto in tanto alle regolari serate di conversazione del piccolo circolo. Suo padre arrivò a Londra nel 1941, insieme al governo polacco in esilio.

Fuga del regolare governo polacco

Il governo di Varsavia fuggì dai tedeschi subito dopo la disfatta. Normalmente un governo resta e negozia un trattato di pace con il vincitore. In questo caso probabilmente, i polacchi avrebbero dovuto accettare un collegamento ferroviario e automobilistico tra la Germania e la Prussia orientale. Ma i rappresentanti del governo avranno ben supposto che Hitler avrebbe tagliato corto con loro, si misero quindi al sicuro al di là del confine rumeno. La Romania era alleata della Germania e pertanto qui furono internati. Per questa ragione si costituì un nuovo governo polacco in esilio sotto la guida di Sikorski.

Governo in esilio della Polonia

Sikorski era già stato presidente una volta ed era notoriamente un anti-tedesco. Egli affermò: "Dobbiamo togliere le case e i campi ai tedeschi (qui s'intendono i tedeschi il cui territorio era stato assegnato ai polacchi dopo la Prima guerra mondiale), e se non scappano da soli, allora dobbiamo ucciderli". Parole di uno statista, che dal punto di vista odierno sono piuttosto discutibili. Più di 1 milione di tedeschi furono così espulsi, immediatamente dopo la fine della Prima guerra mondiale, cioè prim'ancora che scoppiasse la Seconda guerra mondiale. Inoltre, secondo i nazionalsocialisti, 65.000 tedeschi furono uccisi nei massacri. Churchill tuttavia ridusse questo numero. Egli scrive nei suoi dieci volumi di memoria sulla Seconda guerra mondiale, che sarebbero stati circa 8.000, quindi una cifra non degna di menzione.

Sede governativa ad interim

In un primo tempo, Sikorski si recò in esilio a Parigi, con i membri del suo governo. La delusione per Churchill era troppo grande. In fondo era stato proprio lui a esortarli a entrare in guerra e, nonostante il patto di mutua assistenza, li aveva ora abbandonati vergognosamente. Nonostante ciò, dopo la sconfitta della Francia, il governo in esilio dovette trasferirsi in Inghilterra, costretto dalle circostanze.

Le concessioni di Hitler

Grazie a sorprendenti concessioni, le più generose che il governo di Weimar avesse mai dispensato, Hitler aveva quasi raggiunto un accordo con i polacchi.
Sì, aveva perfino pianificato di agire contro i bolscevichi insieme ai polacchi. La classe media e alta in Polonia, così come in Germania, era contraria a una rivoluzione comunista. In cambio, la Polonia doveva ricevere l'intera Lituania, proprio come ai tempi degli Jagelloni. Anche le aree dell'Ucraina popolate dai polacchi, sebbene fossero una minoranza, dovevano essere annesse alla Polonia.

Le promesse di Churchill

Churchill tuttavia aveva promesso ai polacchi infinitamente di più, qualora non avessero cooperato con Hitler. Avrebbero dovuto ricevere tutta la Prussia orientale, la Slesia e il Meclemburgo-Pomerania con l'intera costa baltica. E in aggiunta qualcosa che, per ragioni storiche, gli stava particolarmente a cuore: la Marca del Brandeburgo, inclusa la capitale Berlino. Tutto ciò è inimmaginabile per la gente di oggi. I polacchi furono imbrogliati da queste promesse.

Occultamento

Ma in seguito alla Seconda guerra mondiale, Churchill agì come se i polacchi avessero imposto l'espulsione dei tedeschi dalla loro patria in modo del tutto autocratico, contro la sua volontà. Nel discorso di Fulton, di fronte agli studenti americani, parlò perfino di espulsione ingiusta. Quindi sapeva molto bene di aver violato il diritto internazionale e i diritti umani, ma ritenne saggio nasconderlo.

La "Brandeburgo"

Fino al XII secolo, la"Brandeburgo" rappresentava la fortezza più potente degli slavi occidentali ancora pagani. I polacchi riconobbero queste tribù come loro antenati. Per questo motivo rivendicarono queste aree. Ai tempi delle crociate, quindi intorno al 1200, queste tribù furono costrette a convertirsi al cristianesimo. La popolazione però non venne espulsa. Nel corso dei secoli si è mescolata con quella tedesca e ha adottato la loro lingua. Resti della lingua slava possono essere trovati solo nella regione dello Spreewald e vengono parlate dai sorbi o dai venedi. Dai cognomi però è ancora possibile riconoscere le radici slave della maggior parte della popolazione nella regione. Un milione di cognomi tedeschi è di origine polacca. A questo proposito mi sono ricordato una storia.

Thomas Gottschalk

Egli è un entertainer amato nella Repubblica Federale Tedesca. È originario di questa regione. Curioso com'è, ha fatto analizzare il suo DNA ed è rimasto molto sorpreso nello scoprire che il 50% del suo patrimonio genetico è di origine polacca. In verità non è per nulla sorprendente. Probabilmente tutti coloro che provengono dal Brandeburgo e dal Meclemburgo-Pomerania avrebbero ottenuto lo stesso risultato, se ci si basa sulle tue informazioni, caro Houston.

shitstorm

Gottschalk ha fatto una battuta innocua a riguardo. Questa scoperta inattesa delle sue "radici", lo indusse a dire in modo piuttosto autocritico: "Ora so perché da bambino amavo rubare".

È infatti noto che i polacchi della regione di confine sono particolarmente attivi nel furto d'auto. Il fatto che questa battuta abbia scatenato una shitstorm, è comunque sinonimo di rapporti tesi.

Espulsione

Fondamentalmente quindi, dopo il 1945, i polacchi espropriarono ed espulsero i propri connazionali, i quali avevano però adottato la lingua tedesca nel corso di 800 anni.

Ignoranza

Ho confessato a Houston che ho sentito parlare di questo fatto storico per la prima volta grazie a lui. Non ne sapevo molto. La mia impressione è che la storia tedesca venga semplicemente ignorata nel piano di studi delle scuole tedesche.

Di razza pura

Nell'allevamento di cavalli e cani, la purezza della razza è il precetto più importante. Molti credono che la purezza della razza sia il fattore più importante anche quando si parla di razza umana. E così la pensava anche Hitler, il quale era convinto, per esempio, che l'alta intelligenza degli ebrei fosse riconducibile al fatto che, nel corso della loro storia, essi avessero attribuito la massima importanza all'incontaminatezza della razza. Ebreo era solo chi aveva una madre ebrea. Il padre non poteva comunque essere identificato. Forse nemmeno le madri stesse lo sapevano con certezza.

Coudenhove-Kalergi

L'illustre politico Coudenhove-Kalergi, lui stesso era un meticcio con le più straordinarie capacità, era convinto che l'incrocio di razze producesse soggetti inferiori. Suo padre apparteneva all'antica nobiltà boema e la sua linea di sangue si era mescolata con quella olandese; sua madre era una Kalergi, una giapponese appartenente all'alta nobiltà giapponese.

Incrocio di razze

Abbiamo discusso su questa teoria. Tuttavia, ho pensato fosse più probabile che l'incrocio delle razze fosse perfino meglio della razza pura. Coudenhove-Kalergi ne è l'esempio perfetto. Ne sono un esempio perfetto anche la Sassonia e il Brandeburgo, dove, come abbiamo già visto per Thomas Gottschalk, la miscela fifty-fifty di germanici e slavi è la normalità. I grandi geni: Bach, Händel, Schuhmann, Nietzsche sono con tutta probabilità frutto di un incrocio di successo tra due razze. Invece potrebbe essere shoccante se l'analisi del DNA di Martin Lutero dimostrasse che questo personaggio tipicamente tedesco possedeva in realtà un corredo genetico per metà polacco.

Patto Hitler-Stalin

Hitler, quindi, non poté più realizzare il suo piano di azione comune con i polacchi contro il bolscevismo, visto che la Polonia promise agli inglesi di provocare i tedeschi alla guerra. Così, Hitler dovette cambiare fronte e allearsi con Stalin. Hitler voleva evitare a tutti costi una seconda guerra di trincea, come la Prima guerra mondiale.

Fuoco e acqua

Era l'alleanza più paradossale che si possa immaginare. L'obiettivo principale di Hitler era l'annientamento del bolscevismo. L'obiettivo finale di Stalin era il completamento della rivoluzione internazionale, che poteva ritenersi completata con successo, solo quando le bandiere rosse avrebbero sventolato a Berlino. Questa è una citazione di Lenin.

Nel suo patto con Stalin, assicurò ai bolscevichi che se avessero concluso un patto di non aggressione, in cambio avrebbero potuto occupare gli Stati Baltici e i territori che la Polonia aveva incorporato nel 1920 in violazione del diritto internazionale, benché su 6 milioni di bielorussi e ucraini si fosse insediata solo una minoranza di 1 milione di polacchi.

Questa era la promessa di Churchill a Stalin, se avesse attaccato Hitler, la richiesta minima per così dire. La svendita degli Stati Baltici era cosa da poco per Churchill. Non aveva alcuna relazione con questi Paesi e la loro storia. Hitler, al contrario, sapeva quanti tedesco-baltici vivevano nella zona e sapeva anche che le grandi città come Riga e Reval (oggi Tallinn) avevano un'importante storia anseatica.

Doppia sorpresa

La nascita del patto Hitler-Stalin fu una sorpresa a livello mondiale. Ma non per Churchill. Il suo piano non era solo quello di annientare Hitler, bensì anche Stalin. Voleva aizzarli l'uno contro l'altro, affinché si annientassero a vicenda. Ma prima doveva scoppiare una guerra e questo era difficile, perché Hitler sapeva che, dopo Versailles, la Germania era ben lungi dall'essere pronta. Non avrebbe mai attaccato la Polonia, se non avesse avuto l'appoggio di Stalin.

Churchill garantì a Stalin che, se avesse concluso l'accordo di tregua temporanea con Hitler, avrebbe ottenuto il pieno sostegno dell'Empire britannico e degli Stati Uniti. Avrebbe avuto la libertà di attaccare, ogniqualvolta riteneva fosse un momento propizio per la Russia. Concluse quindi questo piano con la ferma intenzione di interromperlo quando il momento sarebbe stato per lui favorevole.

Reciproco

Ovviamente, anche Hitler sapeva che Stalin non avrebbe rispettato il patto. Lui stesso non aveva alcuna intenzione di farlo. Era però dell'opinione che il patto avrebbe potuto creare delle circostanze, le quali avrebbero portato a una svolta nella costellazione delle forze mondiali. Quindi venne sparato il primo colpo a Danzica. Così iniziò la Seconda guerra mondiale. Uno dei primi sacrifici fu il massacro di Katyn'.

Katyn'

Poiché Stalin aveva appreso dal suo servizio segreto dei piani iniziali contro la rivoluzione mondiale comunista da lui guidata, volle vendicarsi. Nelle zone rivendicate dai polacchi, le quali ora grazie al patto Hitler-Stalin erano di sua competenza, effettuò delle purghe, ovvero il ceto elevato polacco e tutti gli ufficiali superiori vennero "liquidati". Quest' omicidio di massa, tuttavia, divenne manifesto solo quando i tedeschi in avanzata scoprirono le fosse comuni di Katyn'.

Il primo tradimento di Churchill

Tutte le promesse che Churchill aveva fatto ai polacchi, decaddero dopo che l'armata polacca fu sconfitta dai tedeschi. L'assistenza militare che gli era stata promessa, venne meno. Anche l'assistenza nel momento in cui i russi invasero la Polonia venne meno. Churchill affermò che l'alleanza, a ogni modo, avrebbe avuto valore solo contro i tedeschi.

Il secondo tradimento di Churchill

Dopo la guerra, Churchill tradì nuovamente i polacchi. Due settimane prima della conferenza di Potsdam, mandò il governo polacco in esilio "a casa". Stalin aveva conquistato l'intero territorio della Polonia e la cooperazione tra quest'ultimo e il governo in esilio era fuori discussione per entrambi, e non solo a causa di Katyn'. Così il governo polacco rimase in esilio in Occidente, ma veniva riconosciuto da un numero sempre minore di Stati e, alla fine, solo dal Vaticano. Nemmeno i tanto valorosi combattenti polacchi volevano tornare in patria. La vita in un Paese straniero era per loro un male minore rispetto alla dittatura stalinista. Gran parte dei soldati polacchi, i quali avevano attraversato la Manica durante l'invasione nel X-Day e combattuto nei Paesi Bassi e nella Germania settentrionale, vi rimasero e si stabilirono.

Miroslav

Il padre di Miroslav rimase in Inghilterra. Ha sposato un'inglese e Miroslav è nato e cresciuto a Londra. Però è tornato in Polonia a prender moglie. È una polacca di Cracovia, il suo nome è Mila.
Miroslav lavora come guida turistica. Accompagna soprattutto gruppi di polacchi, che non parlano inglese, attraverso l'Hampton Court Palace.
Noi vorremmo partecipare a una delle sue visite guidate, infatti sono in due lingue. Dopodiché siamo invitati a pranzo da lui e sua moglie Mila.

Hampton Court Gardens (6.2)

Prima di tutto però volevamo fare una piccola passeggiata tra i giardini sontuosi. Houston vi si reca regolarmente. "Camminando penso meglio. Quando mi siedo, di solito, non riesco a pensare a nulla di intelligente, soprattutto quando siedo alla scrivania. Di fronte a me il vuoto assoluto e la carta bianca. Poi dopo un'ora cancellazioni e correzioni, ma difficilmente una frase utilizzabile. Qui invece i pensieri possono vagare".

Peripatetico

Tu sei senza dubbio un vero peripatetico, come ai tempi di Platone. Anche i suoi Dialoghi nacquero mentre camminava e parlava con i suoi discepoli.

Giardino reale privato

Iniziammo il nostro giro nel giardino reale privato, a sud del castello. Da qui è possibile osservare l'imponente facciata sud del castello. Questa è stata costruita da Christopher Wren. Egli ha curato anche la riorganizzazione del giardino principale, seguendo un modello francese. Risultato: un tipico giardino barocco con un laghetto rotondo e parterre a motivi geometrici.

Demolizione del castello

Si progettava la completa demolizione del castello e la conseguente ricostruzione in stile classico-barocco. Per fortuna il denaro venne a mancare. Sarebbe stato un peccato, se il castello favorito di Enrico VIII, in cui viveva con tutte e sei le mogli e figli, non fosse più esistito. Houston confessò che il rapporto con questo castello è stato il più emozionante per lui.

Riva del Tamigi

Il percorso ci condusse lungo il Tamigi, sulle cui rive sinuose si può ammirare una recinzione in ferro battuto riccamente decorata. Spostandoci leggermente a ovest, nell'aranceto, ammirammo i "Trionfi di Cesare" del Mantegna. Nella serra accanto all'aranceto si trova " The Great Vine". Questo vitigno è considerato il più grande del mondo, con una circonferenza di 3,8 m e viticci lunghi fino a 75 m.
Qui si svolge annualmente l'esposizione floreale più vasta del mondo.

Giardino della fontana

Ci dirigemmo verso est e gironzolammo nel giardino della fontana posto in posizione semicircolare intorno alle dodici fontane zampillanti, le quali sono riccamente decorate con statue. A nord si trova il "Wilderness", un giardino con alte siepi potate e il grande labirinto con siepi di tasso alte 2 m. Lì si incontrano gli omosessuali di Londra. Non lontano da lì, in un'ansa del Tamigi, si trova il grande parco dei cervi, con 270 esemplari.

Omosessualità (6.3)

Questo tema è tabù di lunga data. Oggi invece sono piuttosto il matrimonio e la fondazione di una famiglia a essere l'eccezione. La grande domanda a proposito dell'omosessualità è: cosa aveva in mente la natura quando ha creato l'inclinazione omosessuale? Che funzione ha questo fenomeno per l'evoluzione? La teoria valida oggi è: il migliore si afferma nella riproduzione, e così avviene un costante miglioramento. Nel caso degli animali, è l'animale più forte, quello che può accoppiarsi e che può garantire la protezione della sua prole. E per gli umani? L'uomo più attraente ottiene la donna più bella!

Difetto genetico

Le coppie omosessuali non hanno figli. L'idea ufficiale è: queste persone hanno un difetto genetico e, pertanto, Madre Natura ha preso precauzioni impedendogli di riprodursi. Tu condividi questo parere?

Esempi

Houston dovette ridere. Questa teoria sembra logica, ma osserva la realtà. Cristiano Ronaldo, il più bello e bravo calciatore, afferma di essere gay. "Sono un uomo gay, ma un gay ricco". Dove sarebbe qui il difetto genetico? Per di più è padre di quattro figli. Il suo primogenito è un bel ragazzino, tutto il padre, e dà l'impressione di essere molto sveglio. Anche nel caso di altri calciatori di livello mondiale, l'idea del difetto genetico è difficilmente accettabile. Gli attori e cantanti più ambiti, veri dongiovanni, spesso si rivelano essere gay. Si dice che anche Churchill sia stato uno di loro.

Cadetto

Un ufficiale britannico ha diritto a un cadetto in funzione di paggio. Il padre del cadetto assegnato a Churchill intentò un processo contro di esso, poiché suo figlio, a causa dell'abuso sessuale, era profondamente traumatizzato. Tuttavia, il padre ritirò quest'accusa quando comprese di non avere alcuna possibilità in tribunale contro una persona tanto importante.

Hitler e Hess

Si dice che perfino Hitler avesse relazioni di questo tipo con Hess. Si opina che abbia perseguitato gli omosessuali in modo così duro per nascondere la propria omosessualità.
La teoria del difetto genetico, quindi, non ci aiuta ulteriormente.

Paragrafo 175

Questo paragrafo criminalizzava gli atti omosessuali. Nell'Antico Testamento, questi sono punibili persino con la morte. Il problema per i credenti della Bibbia, è che questo comandamento oggi non venga più applicato.

Zeus

Tra i greci, al contrario, perfino il dio supremo Zeus ha un bel ragazzo come coppiere: Ganimede. Rembrandt raffigura il momento in cui Ganimede, ancora bambino, viene rapito dall'aquila di Zeus. Dipinge la scena in modo molto umano, fin troppo umano. Il piccolo fanciullo piangente ha per lo spavento una reazione incontrollata... fa pipì.

Alessandro Magno

Distrusse l'Impero persiano di Dario ed estese la diffusione della cultura ellenica fino all'Indo. Oltre alle sue mogli, Rossane era la sua preferita, aveva però anche un migliore amico. Al culmine del suo potere, in Babilonia, si faceva venerare come un despota orientale. Ma il suo amico del cuore non voleva inginocchiarsi a lui. Visto che però Alessandro aveva già bevuto più del dovuto, perse il controllo delle sue azioni e ammazzò il suo migliore amico. Una volta sobrio, non superò mai questa perdita.

Achille

L'eroe più scintillante del poema omerico su Troia, quanto terribilmente profanò il cadavere di Ettore, perché in battaglia uccise il suo migliore amico, Patroclo. È l'ideale di un uomo, come Sigfrido per i Germanici. Anche nel caso di Achille, il difetto genetico è escludibile.

Sii sincero

Houston, ne sai così tanto sull'omosessualità, devo presumere tu non sia venuto qui tutti questi anni solo per i magnifici giardini. Qui hai incontrato anime affini.

Risposta sincera

Mettiamola così: io osservo volentieri non solo la Venere di Milo, bensì mi piacciono anche l'Apollo del Belvedere e l'Hermes di Parassitele e il Doriforo di Policleto.

Alcibiade

Egli era il nipote di Pericle, il più grande uomo politico nell'epoca in cui Atene stava vivendo il suo massimo splendore culturale. Era considerato l'uomo più bello della città. Quando era giovane, tutte le donne accorrevano da lui, lontano dai mariti. Quando si fece uomo, tutti gli uomini scappavano dalle mogli e accorrevano da lui.

Socrate

Si dice che addirittura Socrate abbia avuto un debole per lui, il che non sorprende, sapendo che era sposato con Santippe. Era così litigiosa che il suo nome divenne l'incarnazione di tutte le mogli malvagie e violente, delle quali ce ne sono più di quanto si pensi.

Siracusa

Alcibiade, così idolatrato, si montò la testa e osò mutilare le erme e partecipare alla catastrofale spedizione contro la più ricca città greca in Sicilia, Siracusa.

Aristofane

Ho ancora una buffa teoria da raccontarti, riguarda il commediografo Aristofane. Conosci sicuramente la sua commedia Lisistrata. Le donne ateniesi non si concedono ai loro mariti, dato che essi non hanno più il tempo per loro e sono perennemente impegnati nelle campagne militari.

L'uomo tondeggiante

Questo commediografo era del parere che ci fossero tre tipi di uomini: quelli nati dal sole, quelli nati dalla terra e quelli nati dalla luna. Tutti avevano una corporatura tondeggiante, esattamente come gli dei da cui nacquero. Avevano tutti quattro gambe, quattro braccia, due teste. Potevano correre in tutte le direzioni ed erano così potenti che gli altri dei si ingelosirono.

La divisione

Zeus, dio supremo, decise pertanto di dividerli, per dimezzare le loro possibilità. Da allora, tuttavia, ognuno cerca la metà appartenente e mancante. Quelli nati dal sole divennero due uomini. Il loro dio creatore è per l'appunto maschile: Elio (greco) o Sol (lat.) (Il tedesco è l'unica lingua in cui il sole è di genere grammaticale femminile).
Quelli originati dalla terra divennero due donne. Gaia (greco) o Terra (lat.) è una divinità femminile.
I nati dalla luna divennero un uomo e una donna. Semele (greco) o Luna (lat.) è volubile: una volta luna piena, per poi aumentare o diminuire fino alla luna nuova. Di conseguenza, le sue creature sono quelle con il valore inferiore.
I discendenti del sole sono quelli con un valore maggiore. Sono soprattutto politici, i quali si occupano degli affari più importanti, gli affari di Stato. Senza di loro, la politica e la struttura statale non sarebbero possibili.
Anche le donne, che vengono dalla terra, sono di grande valore. A questo proposito andrebbe menzionata, ad esempio, la grande poetessa Saffo, la quale viveva sull'isola di Lesbo, cui le lesbiche devono il loro nome.
Le donne che discendono dalla luna, al contrario, sono adultere e prostitute. Lo stesso vale per gli uomini di questa discendenza, essi sono donnaioli e puttanieri.

Conclusione

Aristofane, quindi, capovolge tutto. Secondo lui, l'amore tra uomo e donna è inferiore. Chissà se lo intendeva seriamente. Oppure era solo l'idea di un commediografo a cui sta a cuore il divertimento del suo pubblico sopra ogni cosa? Anche l'idea di un uomo tondeggiante è alquanto bizzarra. Non ho mai visto una rappresentazione e un uomo così tondeggiante non riesco nemmeno a immaginarmelo.

L'inizio della visita guidata (6.4)

Nel frattempo eravamo di nuovo giunti all'ingresso di Hampton Court Palace, giusto in tempo per l'inizio della visita. Una folla numerosa si era già riunita e Houston riconobbe Miroslav già da lontano, questo si avvicinò e si presentò a me. Bastò la prima impressione di Miroslav per confermarmi che quest'uomo si adattava perfettamente a noi. Questa impressone si rafforzò ulteriormente quando iniziò la sua esposizione.

Enrico VIII

Non sommerse i suoi ascoltatori con i dettagli e non li sovraccaricò con infinite serie di dati. Presentò le persone che vivevano nel palazzo e solo allora le mura presero vita. Al centro di questo palazzo si trovava Enrico VIII. Era la sua residenza preferita. Viveva con tutte e sei le mogli e con i suoi figli in questo magnifico palazzo, che ristrutturò, ampliò e abbellì costantemente. Ciascuna moglie ottenne un appartamento progettato nei minimi dettagli. Inoltre, vennero creati alloggi per più di 1.000 cortigiani e servitori. Durante la visita dell'ambasciatore di Francia si aggiunsero altri 200 ospiti. (Il famoso dipinto di Holbein "Gli ambasciatori" è stato dipinto in quell'occasione).

Le cucine

Il giovane Enrico era un gigante. Era alto 1,87 m ed era una buona forchetta. La cosa più importante per lui, era che la tavola fosse così riccamente imbandita da far "piegare le assi del tavolo". Le prime misure edilizie, dopo che il re aveva rilevato il castello, furono l'ampliamento delle cucine a oltre 50 stanze. Dei molti caminetti necessari a questo scopo, 121 esistono ancora oggi. Sono splendidamente decorati in stile ornamentale con mattoni. La ricchezza di un proprietario si poteva intuire dai caminetti, perché dimostravano che, in questo castello, si poteva banchettare in abbondanza.

Menù alla Tudor

Le pietanze ai tempi dei Tudor si componevano dei più squisiti pasticci e dolci zuccherosi. I limoni e le arance venivano portati dall'Italia. Dal nuovo mondo, appena scoperto da Colombo, arrivava persino l'ananas. Non si risparmiava nemmeno con le spezie costose come il pepe dall'India o lo zenzero dalla Cina; e tantomeno con il vino, che proveniva dal continente. Naturalmente si mangiava ogni giorno carne in grandi quantità, allo spiedo o arrostita in padella. Si calcola mangiassero a pasto un chilo a persona. Fagiani e quaglie non dovevano assolutamente mancare. I pesci, perfino i delfini, venivano portati a palazzo dalla servitù e serviti su prezioso vasellame di stagno.

The Great Hall

La grande sala, lunga 32 m, larga 12 m, alta 18 m, con un'impressionante volta a martello, è la sala più grande del castello, veniva utilizzata come sala da pranzo. Le pareti sono ricoperte da magnifici arazzi da Bruxelles, raffiguranti la vita di Abramo. Ogni 50 anni vengono accuratamente lavati in un impianto di lavaggio appositamente costruito.

La grande casa del sollievo

Dopo un ricco pasto, lo stomaco troppo pieno ha bisogno del suo sollievo. Hampton Court Palace è uno dei primi palazzi in Europa ad avere un bagno comunitario con scarico ad acqua con 28 posti a sedere per ragazzi e uomini. L'acqua vi arriva, grazie a tubi di piombo, da Coombe Hill, a 5 km di distanza. Questo era per l'epoca un capolavoro e, oggi, è ancora possibile ammirare questa casa del sollievo nel fossato del castello.

Lo si confronti con Versailles, il castello del Re Sole, che non possedeva questo lusso neanche più di cento anni più tardi. C'erano solo vasi da notte, pot de chambre. Questi venivano poi trasportati dalla servitù per i lunghi corridoi e dovevano essere svuotati. Tutto ciò moltiplicato per 5.000 persone.

Enrico VIII e le sue sei mogli (6.5)

Caterina d'Aragona

Miroslav giunse ora alla parte della visita che gli stava più a cuore: le persone che vissero nel palazzo e gli ospiti illustri che entrarono e uscirono. Gli alloggi della prima moglie di Enrico VIII segnarono l'inizio della visita. Mentre Enrico VIII è probabilmente il re inglese più noto, delle sue mogli si sa relativamente poco. Queste donne, ognuna a suo modo, sono estremamente interessanti. Specialmente la prima, Caterina d'Aragona. Un bel ritratto di Holbein raffigura questa regina insolitamente simpatica. Molto femminile, con tratti del viso morbidi e amabili, allo stesso tempo modesti e riservati, vera umiltà cristiana, nonostante la sua alta carica. Si dice decorasse le camicie del marito con il broderie, cucito a mano.

I suoi genitori

I suoi genitori sono i famosi Isabella di Castiglia e Ferdinando d'Aragona (corrispondente all'odierna Catalogna, l'area intorno a Barcellona). Grazie a questo matrimonio, tutta la Spagna fu unita per la prima volta. Durante la Reconquista, conquistarono anche l'ultimo regno moresco di Granada, gli ultimi arabi vennero espulsi dalla penisola e il cristianesimo restaurato in tutto il Paese.
Incaricarono Colombo di trovare la rotta marittima occidentale per l'India. Che la terra fosse sferica, non era ancora una certezza in quell'epoca. Così Colombo non trovò l'India, bensì l'America. Questo errore non riuscì mai a spiegarselo. Rimase convinto fino alla fine dei suoi giorni di essere sbarcato in India. Proprio per questo nominò gli abitanti indiani. A ogni modo, la Spagna divenne una potenza mondiale grazie a questa scoperta e tutte le dinastie regnanti

d'Europa si affrettarono ad allearsi con questo nuovo centro del potere attraverso il matrimonio.

Matrimonio a 4 anni

Affinché nessun'altra casa reale gli rubasse la sposa per il figlio maggiore, il re inglese Enrico VII lo diede in sposo, già all'età di 3 anni, alla figlia minore della famiglia reale spagnola, Caterina, di 4 anni. I due bambini rimasero inizialmente con i genitori. All'età di 16, tuttavia, Caterina dovette recarsi in Inghilterra dal consorte, Arturo Tudor. Egli aveva all'epoca 15 anni. E il matrimonio fu ufficialmente consumato. Caterina era stata educata perfettamente. Padroneggiava diverse lingue, tra cui il latino, ancora comune a quei tempi. Il latino era la lingua franca, la lingua corrente non solo nella chiesa, bensì anche in tutte le università europee.

Morte prematura

Con gran stupore, l'erede quindicenne al trono morì appena 5 mesi dopo il matrimonio. Sia Caterina che Arturo si ammalarono gravemente. Ella sopravvisse alla malattia. Egli purtroppo no. Aveva contratto una malattia non rara a quel tempo, la tubercolosi, la quale non poteva essere curata. Caterina, così, divenne vedova già sedicenne. Si pensava che la cosa migliore per lei sarebbe stata entrare in convento. Seguirono anni d'incertezza. Ma il secondogenito del re, raggiunti i 18 anni, decise che voleva sposare questa Caterina della ricca casa spagnola. Vero è che essa aveva 8 anni più di lui, 26 quindi, ma era ancora piena di grazia. Sembra che il giovane Enrico fosse veramente innamorato della ancor molto bella giovane donna. Inoltre, il padre, quando morì il 21/04/1509, lo aveva pregato di sposare Caterina, la quale era molto amata dal popolo.

Annullamento del primo matrimonio

Secondo la visione del tempo della Chiesa cattolica, il matrimonio era una cosa unica. Caterina non poteva contrarre un matrimonio così, con questa facilità. Pertanto, si procedette dichiarando nullo il primo matrimonio, considerando che non fosse stato consumato a causa della giovane età della quindicenne. E così niente più ostacolava il matrimonio con Enrico VIII.

La benedizione dei bambini

Il giovane Enrico aveva fretta. Caterina rimase incinta immediatamente. Non passarono nemmeno 8 mesi e il 31/01/1510 diede alla luce una bambina. Purtroppo la neonata morì lo stesso giorno in cui nacque. La seconda gravidanza iniziò proprio nello stesso anno e il 01/01/1511 fortunatamente venne al mondo un primogenito. Enrico, duca di Cornovaglia.Ma anche questo morì già 50 giorni dopo la nascita. Dopo un aborto nel 1512, nacque di nuovo un maschio nel novembre 1513. Poiché morì nello stesso giorno, non gli si diede nemmeno un nome. Era un anonimo. Anche il figlio successivo, Enrico, duca di Cornovaglia, nato nel dicembre 1514, morì dopo pochi giorni.

Il 18/02/1516, finalmente, diede alla luce un neonato vivente, ma era una femmina, Maria, che in seguito venne soprannominata Bloody Mary, Maria la Sanguinaria.

In Inghilterra solo i discendenti maschi potevano ottenere il regno. Il Re di Scozia, parente stretto di Enrico VIII, già si strofinava le mani dall'eccitazione, poiché contava che la corona d'Inghilterra sarebbe toccata ai suoi discendenti. Si rese necessaria un'altra gravidanza, la quale portò alla nascita di una figlia. Tuttavia, anch'essa morì nel giorno della sua nascita, il 10/11/1518. Questo parto portò a complicazioni

tanto gravi da dover stabilire che Caterina non poteva più dare alla luce altri figli.
Per lei, così come per il marito, questa fu una catastrofe.
Si potrebbe presumere che Enrico VIII avesse il fattore Rh negativo e quindi vi era un'incompatibilità di sangue nella coppia di sposi.

Sifilide

Un'ulteriore spiegazione è che il giovane Enrico, frequentando una maitresse avesse contratto la sifilide già in giovane età e la passò poi a tutte le sue donne, cosa che spiegherebbe le frequenti complicazioni in gravidanza di tutte le sue mogli. Anche Anna Bolena partorì un feto morto.

Splendore e miseria

Se si considera che Caterina proveniva da una casa reale, la quale ebbe la sua ascesa mondiale grazie alla scoperta dell'America, e il fatto che avesse come marito Enrico VIII, il Principe Consorte più ambito, che dopo la fine della guerra delle due rose, conclusa con successo da suo padre Enrico VII, aiutò inoltre l'Inghilterra a diventare una potenza mondiale, si rimane stupiti nello scoprire quante sofferenze abbia dovuto sopportare e di quanta poca felicità il suo destino aveva in serbo per lei.

Senza via d'uscita

Il povero Enrico VIII aveva però bisogno di un figlio a ogni costo. Non gli rimase altra scelta che ingravidare tutte le dame di corte. Fortunatamente, erano tutte molto belle e affatto dispiaciute dei corteggiamenti del re. Egli era, infatti, un giovane uomo molto atletico, bello e di statura gigantesca. Aveva allestito dei campi da tennis nei suoi giardini ed era un eccellente giocatore. Era anche uno dei migliori giocatori di calcio. Cavalcare era in ogni caso un'ovvietà. Ma il suo più grande hobby era il tiro con l'arco.

Il numero delle figlie ottenute dalla cerchia delle dame di corte non fu mai contato, ma tra di esse c'era anche un figlio illegittimo. Il re esultò.

Henry Fitzroy

Il figlio nato il 15/06/1519 prese anch'esso il nome Henry, Enrico. Inoltre, ottenne immediatamente titoli reali, quali duca di Richmond e di Somerset. Era il nobile di più alto grado del Paese. Successivamente avrebbe dovuto succedere al trono. Tuttavia, poiché morì all'età di 17 anni, non vi arrivò mai.

Grave sofferenza

Tutti gli affare con le dame di corte e il fatto che Henry Fitzroy, figlio illegittimo del re, passò in primo piano per la successione al trono a discapito della figlia Maria, misero a dura prova la simpatica Caterina.

Maria Bolena

Sorella di Anna Bolena, anch'essa fu dama della corte del re. Ebbe due figli da Enrico VIII. E addirittura entrambi sopravvissero: Catherine Carey, raggiunse almeno 45 anni e Henry Carey, nato nel 1526, morì a 70 anni. Non è chiaro perché il re non abbia riconosciuto anche questo secondo figlio illegittimo. Il motivo potrebbe forse risiedere nel fatto che era molto innamorato della sorella di Maria, Anna Bolena, e sperava di ottenere un erede al trono da quest'ultima. Ma questa resisteva ai suoi corteggiamenti, resistenze che però infiammarono il suo ardore d'amore, piuttosto che spegnerlo.

Essa avrebbe accettato a condizione che il re l'avesse sposata, condizione che presupponeva il divorzio da Caterina. Il re, sorprendentemente, rispettò la sua volontà.

La più splendente corte d'Europa (6.6)

Fino ad allora la corte inglese era stata la corte più splendente d'Europa. Superava persino la corte dei Medici di Firenze. Tutti i personaggi più illustri d'Europa avevano fatto visita all'Hampton Court Palace.

Un uomo d'eccezione

Enrico VIII era un uomo eccezionale non solo in ambito sportivo, bensì aveva anche un grande talento intellettuale e artistico. Suonava diversi strumenti e componeva opere musicali e canzoni in prima persona, le quali fecero sì che nascesse il canto popolare. La melodia della sua Greensleeves è suadente anche all'orecchio moderno.

Erasmo da Rotterdam

Uno dei suoi ospiti abituali era l'umanista più famoso d'Europa, Erasmo da Rotterdam. Il re poteva discutere alla pari con questo grande studioso. Riconobbe anche le eccezionali qualità di Tommaso Moro, che nominò persino Lord Cancelliere. Questa è la carica politica più alta possibile in Inghilterra. Congiuntamente realizzarono un documento in difesa della fede cattolica, redatto però in gran parte da Moro, per il quale ricevette dal papa l'alto titolo di "Difensore della fede".

Tommaso Moro

Erasmo considerava il suo amico Tommaso Moro la mente più brillante d'Inghilterra, la quale era a suo avviso particolarmente ricca di studiosi intelligenti. Dedicò la sua opera più nota e di maggior successo, "Elogio della follia", al suo amico.

William Shakespeare

Inoltre, nella stessa epoca, visse anche l'eminente poeta inglese William Shakespeare, che venne già promosso con entusiasmo da lui e più tardi anche dalla figlia, la grande Elisabetta, e che ritrasse la vita del re nel dramma reale "Enrico VIII" in grande dettaglio e apprezzamento.

Il pittore Hans Holbein

Il pittore Hans Holbein, il quale catturò la vita alla corte reale in magnifici dipinti, era allo stesso livello dei grandi pittori che lavorarono a Firenze per i Medici.

Giovanna, regina spagnola di Castiglia e Aragona

Non mancavano gli ospiti di alto rango. Venne in visita, ad esempio, la sorella maggiore della moglie Caterina, Giovanna. Era sposata con il figlio dell'imperatore tedesco Massimiliano. Il figlio dell'imperatore aveva un aspetto talmente appariscente che ottenne l'epiteto di "il Bello", Philippe le Bel, in spagnolo El Hermoso. Era molto innamorata di suo marito e lo mostrava anche pubblicamente, cosa che in realtà era inammissibile per una regina. Avendo perso la testa dopo la morte prematura del marito, è passata alla storia come Giovanna la Pazza, Juana la Loca.

Carlo V

Essa era la madre di Carlo V, il quale venne in seguito eletto imperatore tedesco. Anch'esso si recò in visita di presentazione presso Enrico VIII, poco dopo l'elezione a imperatore e la Dieta di Worms, durante la quale Lutero si trovò alla sua presenza e tuttavia non ritrattò: "Qui sto fermo. Non posso fare altro...".

Politica matrimoniale

Enrico VIII voleva dare in moglie la figlia Maria, di 5 anni, al giovane imperatore tedesco di 21 anni. In tal modo la potenza mondiale spagnola sarebbe stata unita all'aspirante potenza mondiale inglese. Tuttavia, all'epoca, l'età minima per il compimento del matrimonio era stata fissata a 12 anni. Vale a dire che Carlo avrebbe dovuto aspettare ulteriori 7 anni.

Era per lui un tempo troppo lungo, perciò sposò Isabella del Portogallo. Così facendo, l'intera penisola iberica era sotto un'unica mano. Nel 1529 promise in sposo il figlio Filippo II, di 2 anni, a Maria, la quale era stata destinata a lui per il momento ma aveva allora già 13 anni.

Grandi progetti

Anche questi grandi progetti non si realizzarono. Con il divorzio di Enrico VIII da Caterina di Spagna, Maria fu esclusa dalla successione al trono. Quindi, non era più interessante come coniuge per l'erede al trono di Spagna. Ma quando Maria, in seguito alla morte prematura del successore al trono, divenne Regina d'Inghilterra, egli la sposò in un secondo matrimonio. Egli però non era re regnante, bensì solo consorte della regina. Purtroppo non vi furono discendenti in questo matrimonio. Maria ebbe solo gravidanze isteriche. Quando questa morì, relativamente presto, Elisabetta salì al potere. Da questo momento in poi, Filippo II divenne il maggior nemico dell'Inghilterra. In particolar modo quando Elisabetta fece giustiziare Maria Stuarda, favorita dalla fazione cattolica. Fece approntare la grande Armada, la più grande flotta che si era mai vista. La battaglia con questa flotta avrebbe deciso chi sarebbe stata la futura potenza mondiale. Fu la tempesta del secolo a decidere l'esito di questa battaglia.

Enrico VIII si candida

È anche interessante notare che Enrico VIII si era già candidato in prima persona alle elezioni imperiali tedesche. Tra i 7 principi elettori, tuttavia, aveva meno possibilità di Francesco I, Re di Francia, il quale poteva contare sull'appoggio del papa. I tre principi elettori ecclesiastici, vescovo di Magonza, vescovo di Colonia e vescovo del Brandeburgo, dovevano sostenere il Re di Francia, secondo le volontà del papa. Il Re di Francia, inoltre, aveva 300 ducati d'oro pronti per corrompere e in fondo mancava solo uno dei principi elettori alla sua elezione. Con 4 voti su 7 principi, la maggioranza è chiara. Ma Carlo V, con l'aiuto di Fugger, poté distribuire 800.000 ducati d'oro a mo' di "tangente" e fece cedere anche i signori ecclesiastici, cosicché non seguirono le indicazioni del papa. Osservando le elezioni imperiali tedesche, mi sono concesso il seguente esperimento mentale.

Esperimento mentale

Cosa sarebbe successo se Enrico VIII fosse stato eletto imperatore tedesco? Aveva di fatto meno possibilità di Francesco I di Francia, favorito dal papa e conseguentemente da tre principi vescovi, e anche di Carlo V, Charles Quint, il Carlos I, lo spagnolo, il quale aveva al suo fianco il finanziatore più ricco dell'epoca, Johann Fugger di Augusta, e per il quale il nonno, l'Imperatore Massimiliano, sul letto di morte, si raccomandò presso i suoi principi elettori tedeschi pronunciando in dialetto austriaco: "Ach nehmet's ean doch. S'ischt an Bursch a so an fescher." (Sceglietelo dunque. È un ragazzo così in gamba.) (l'aggettivo austriaco "Fesch" significa gentile, bello, cordiale, di bell'aspetto, robusto, chic, elegante, ...). Aveva solo 20 anni all'epoca.

Supponiamo che, come puro esperimento mentale, Enrico fosse stato eletto imperatore tedesco nonostante tutto. Allora, quanto diversamente si sarebbe sviluppata la politica mondiale?

Il divorzio più difficile e con maggiori conseguenze di tutti i tempi (6.7)

Miroslav definì il divorzio di Caterina come il più difficile e più d'impatto di tutti i tempi. Anna Bolena lo fece approvare. Il prezzo che è stato pagato, lo esporrò nelle prossime osservazioni. Si deve anche considerare quali effetti tutti questi avvenimenti abbiano avuto su Caterina.

Il divorzio nella dimensione politica mondiale

Un divorzio tra personalità storiche globali di questo livello, non rimane circoscritto entro la sfera personale. In gioco vi sono molti fattori, i quali sono spesso molto contraddittori. Inizialmente, sembrava si trattasse unicamente di un problema ecclesiastico, giacché secondo il diritto canonico il matrimonio è indissolubile, e anche questo era il caso. Ma, ovviamente, i giuristi ecclesiastici trovano sempre un motivo per aggirare una legge. Vi sono nella Bibbia molti passi in cui è descritto il dovere morale di un fratello di sposare la vedova del fratello defunto, per garantirle una casa e i mezzi di sostentamento. È noto il passaggio in cui si chiede a Gesù di chi sarà moglie, nella risurrezione, la vedova che sposò i 7 fratelli.

Giuristi ecclesiastici

Fortunatamente però, i giuristi ecclesiastici trovarono un passaggio in uno dei libri di Mosè, in cui si dice: "Maledetto colui che giace con la moglie del fratello". Giacché Caterina fu data in sposa all'età di quattro anni a suo fratello Arturo, scomparso prematuramente, questo passaggio venne citato per motivare il divorzio. Anche il papa non avrebbe avuto nulla in contrario.

Carlo V

Carlo V, Imperatore tedesco e Re di Spagna, tuttavia, aveva da ridire sul divorzio. Aveva infatti già promesso in sposo il figlio Filippo II, di due anni, alla figlia di sua zia Caterina, Maria. Il re francese, Francesco I, gli diede l'opportunità di impedire questo divorzio.

Francesco I

Costui non era soddisfatto di essere stato sconfitto da Carlo V durante le elezioni imperiali e quindi voleva sottrarre a questo rivale almeno le terre nell'Italia settentrionale. Invase la regione con i suoi eserciti ma dovette accettare una sconfitta nella battaglia di Pavia, dove le truppe imperiali ebbero il sopravvento. Egli fu catturato.

Violazione della parola d'onore

Carlo V si comportò da cavaliere e liberò Francesco I su parola d'onore. Non appena fu tornato in Francia, il prigioniero rilasciato organizzò un nuovo esercito e invase nuovamente l'Italia settentrionale. Nell'impresa venne appoggiato dal papa, poiché quest'ultimo non tollerava la presenza di un vicino di casa così potente, quale era Carlo V, a nord del suo Stato ecclesiastico. Anche nel secondo scontro, le truppe dell'imperatore ebbero il sopravvento e Francesco I fu di nuovo catturato. Questa volta, però, venne tenuto prigioniero a Madrid per più di un anno.

Indigenza

Dopo due battaglie a Pavia, la situazione finanziaria dell'Imperatore era così catastrofica che il comandante Frundsberg non poteva più pagare i suoi mercenari. Considerato che riteneva il papa corresponsabile di questa seconda campagna militare, Frundsberg si trasferì a Roma con il suo esercito e saccheggiò il tesoro papale. Questo tesoro comprendeva tutti i soldi delle indulgenze che il papa aveva raccolto per la fabbrica della maestosa basilica di San Pietro. Il saccheggio non si fermò qui. Questo saccheggio dell'intera città di Roma, passato alla storia come Sacco di Roma, colpì anche tutti i palazzi dei ricchi. Lo stesso papa venne catturato. Non gli fu più permesso di approvare il divorzio di Enrico VIII da Caterina.

Papa Clemente

A proposito, costui era il papa che costruì la più grande chiesa della cristianità e a questo scopo aveva bisogno di ingenti somme di denaro. Clemente ebbe la gloriosa idea di vendere la remissione dei peccati in cambio di denaro. Ciò era possibile addirittura per i defunti. Quindi, se si voleva ridurre le pene infernali della madre o del padre, era possibile acquistare un'indulgenza:

"appena una moneta gettata nella cassetta delle elemosine tintinna, un'anima se ne vola via dal Purgatorio".
Così predicava Tetzel, il commerciante d'indulgenze di maggior successo. È interessante notare che questa pratica delle indulgenze portò alla Riforma con l'affissione delle tesi di Lutero sulla porta della chiesa di Wittenberg. Paradossalmente la ragione della divisione della Chiesa fu la costruzione della basilica di San Pietro.

Gravidanza

Anna Bolena poi rinunciò comunque al suo rifiuto al coito ed era già incinta di tre mesi. Enrico VIII non voleva in nessun caso che il figlio tanto sperato nascesse illegittimo. Sposò Anna ancor prima del divorzio. Ma giacché il divorzio da Caterina era senza prospettive, perché Carlo V si opponeva e il papa era nelle sue mani, Enrico scrisse una lettera a Lutero chiedendogli in che modo la Chiesa inglese avrebbe potuto staccarsi da Roma, cosicché egli sarebbe potuto diventare capo della Chiesa, così come i principi protestanti dell'Impero. A partire da questi presupposti si arrivò allo scisma con Roma e alla fondazione della Chiesa anglicana.

Chiesa anglicana

A questo punto la Chiesa inglese era indipendente e Enrico VIII ne era a capo. Poté far approvare il suo divorzio con i suoi stessi poteri. Tuttavia, questo fu riconosciuto solo nei Paesi a governo protestante. Nel mondo cattolico questo divorzio continuava a essere invalido. Ma sua moglie Caterina dovette lasciare il suo alloggio a Hampton Court Palace per trascorrere il resto dei suoi giorni in un remoto castello congiuntamente alla figlia Maria.

La grande delusione

Al posto dell'agognato principe erede, Anna Bolena diede alla luce una figlia. Figlia che successivamente diventerà una regina molto celebre: Elisabetta I d'Inghilterra.

Anna Bolena (6.8)

1000 giorni regina

Questo matrimonio, il quale portò allo scisma anglicano e all'inimicizia con la casa reale di Spagna e l'Imperatore Carlo V, durò meno di 3 anni. All'incirca 1000 giorni, i quali fecero guadagnare ad Anna Bolena il titolo di regina dei mille giorni.

Giuramento di Supremazia

Tutti gli impiegati pubblici inglesi dovevano prestare giuramento, riconoscendo che la secessione della Chiesa inglese da Roma era legittima. Tommaso Moro si rifiutò. Restò fedele alla sua fede cattolica. E sebbene fosse uno dei più stretti confidenti del monarca, Enrico VIII lo condannò a morte per decapitazione.

Risparmiate la mia barba

Fece la sua ultima comparsa con fierezza. In ultimo disse al giustiziere: "La mia barba non ha commesso certamente verun tradimento; non è dunque giusto, che sia tagliata."

Inconcepibile

Ciò che è inconcepibile, tuttavia, è che Enrico VIII mise in mostra la testa mozzata su un palo sul London Bridge per giorni. Com'è possibile una tale barbaria, ossia che la testa di uno dei più grandi spiriti d'Europa nonché uno dei migliori amici del re sia stata trattata in modo così vergognoso.

Sventramento

Tuttavia, il re risparmiò qualcosa all'amico, lo "sventramento", un'ultima prova di misericordia. A un non nobile, le viscere venivano strappate prima dell'esecuzione capitale. Si incideva l'intero tronco, praticando un taglio dal collo ai genitali, i quali erano già stati recisi in precedenza, e iniziando dalla gola, si strappavano cuore, polmoni, stomaco e intestino. Il delinquente non era ancora morto. Doveva soffrire i supplizi più atroci, prima di essere tagliato in quattro parti in conclusione.

Froissart

Il grande pittore francese ha catturato questa procedura in un dipinto. Se si considera che cose di questo genere fossero possibili in un momento in cui la prosperità culturale raggiunse un picco assoluto, ci si deve chiedere se la nostra idea d'uomo sia realistica. Si presume che crudeltà tali siano possibili solo in civiltà arcaiche.

Prova di misericordia

Enrico VIII dimostrò un residuo di umanità anche in occasione dell'esecuzione della moglie Anna Bolena. Doveva essere giustiziata con la spada. Questo era considerato più onorevole rispetto all'esecuzione con la mannaia.

Aria di burrasca

Quando Anna Bolena, nel secondo anno di matrimonio, diede alla luce un maschio, il quale restò in vita solo pochi giorni, l'aria che tirava in casa era già così pesante che non si procedette neppure alla formalizzazione per iscritto dell'avvenimento. Alcuni storici dubitano addirittura che questa nascita abbia effettivamente avuto luogo.

Terza gravidanza

Questa terza gravidanza non venne portata a compimento. Anna Bolena venne accusata di adulterio e giustiziata. Considerato che costei, l'unica delle dame di corte ad aver resistito al corteggiamento del re e ad aver insistito per un matrimonio – che sia per motivi morali o perché voleva assolutamente diventare regina – è difficile immaginarsi che abbia ceduto a una tentazione passionale con un terzo, specialmente ora che era regina. È più probabile che siano state calunnie da parte del partito contrario al divorzio e allo scisma della Chiesa da Roma.

Vagabondi

Va inoltre menzionato un altro lato oscuro della splendida era Tudor: il problema con i vagabondi.

Fabbricazione del panno

Gli inglesi sono sempre stati innovativi. Fecero molte invenzioni tecniche, le quali li hanno resi pionieri nell'era della tecnica. Inventarono tecniche di tessitura che gli hanno permesso di produrre il migliore panno d'Europa. Il velluto e i più raffinati tessuti dai migliori filati di lana pettinata raggiungevano prezzi altissimi. Per questo motivo i proprietari terrieri passarono dall'agricoltura all'allevamento di pecore per la produzione di lana.

Contadini

Così, i contadini non avevano più lavoro e i piccoli proprietari terrieri furono esortati a vendere i loro piccoli campi al fine di poter creare dei grandi pascoli contigui. Allorché l'umile ricavato della vendita terminava, si ritrovavano di fatto senza tetto.

Utopia

Tommaso Moro lasciò ai suoi contadini le case e concesse loro tanta terra quanta bastava per il loro fabbisogno. Questa era però un'eccezione. Di norma, questi contadini diseredati si spostavano con le famiglie per il Paese come nomadi e cercavano di vivacchiare lavorando occasionalmente o anche rubando.
Nella sua immaginazione di Stato ideale, Moro descrive le condizioni catastrofiche in Inghilterra, presentandole proprio come esempio contrapposto alla sua costituzione ideale di Stato dell'isola di Utopia. Karl Marx, nella sua opera principale, menziona questo passaggio: "Il capitalismo preso come occasione per descrivere le condizioni di vita dei meri braccianti in Inghilterra".

Leggi contro i vagabondi

I vagabondi disoccupati potevano venire frustati. La prosecuzione del vagabondaggio era perseguibile perfino con la pena capitale. Ricevevano un marchio a fuoco, come per il bestiame, cosicché potessero essere assegnati al loro padrone. Strappargli via i figli era lecito. Affinché non scappassero, potevano essere messi in catene e con un anello di ferro al collo.

Jane Seymour (6.9)

Il terzo matrimonio di Enrico VIII pareva essere l'appagamento finale dopo tutte le turbolenze, le quali avevano lasciato il segno anche sul re. Jane mise al mondo un maschio sano. Finalmente, questo evento accaduto il 12/10/1537 a Hampton Court Palace, portò il tanto agognato erede maschio, dopo 30 anni di governo e 3 mogli. L'intero regno esultò. Un poeta scrisse persino: "Qui non c'è meno gioia per la nascita del nostro Principe che per la nascita di Giovanni Battista".

Falò

In tutte le chiese parrocchiali venne cantato il Te Deum. Vino e birra vennero distribuiti gratuitamente al popolo e vennero accesi i falò. Per l'entusiasmo, le guardie della Tower spararono 2.000 palle di cannone. Dovevano coprire le campane della chiesa che suonavano fino alle 10 di notte. La ventunenne Maria, sorella maggiore dal primo matrimonio, era la madrina di battesimo del principe ed Elisabetta, di 4 anni, figlia di secondo letto, era incaricata di portare l'olio durante la processione, olio con cui sarebbe stato unto a re in seguito.

Sua madre, Jane Seymour, tuttavia, non si riprese mai dal difficile travaglio durato tre giorni e morì pochi giorni dopo. Probabilmente a causa della febbre puerperale. Così, la più grande gioia del re si accompagnò con la più profonda sofferenza per aver perso l'amata moglie a causa della nascita dell'erede al trono.

Il quarto matrimonio

Il destino delle sue tre mogli, in particolar modo la decapitazione di Anna Bolena, trasformarono il re tanto ambito in uno non particolarmente favorito. Le casate reali cattoliche furono escluse a priori. La figlia del re danese chiamata in questione disse: "Avessi avuto due teste, lo avrei preso in considerazione. Ma visto che ne ho una, non mi prendo il rischio". Ci si rallegrò quindi nel trovare una giovane nobildonna di 24 anni, proveniente dal Basso Reno, luterana e timorata di Dio, la quale osò convolare a nozze con il "Re Barbablù".

Holbein

Ottenne l'incarico di ritrarre questa giovane donna. Si imbarcò sulla nave, scese lungo il Tamigi, attraversò il canale e da Rotterdam lungo il Reno fino a Kleve, dove viveva Anna. Era nata a Düsseldorf. Ella però non era preparata per un matrimonio così importante. Non parlava nessuna lingua straniera, né il latino, lingua comune all'epoca, né tantomeno l'inglese. Allorché gli sposi si sedettero per la prima volta l'una di fronte all'altro, ella riusciva solo a sorridere con imbarazzo. A parte "No thanks" e "Yes please", non le era stato ancora insegnato nulla. Enrico si accorse subito che questa non era una regina conforme al suo rango.

Arte e realtà

Il meraviglioso ritratto che Holbein fece di Anna era piaciuto a tal punto a Enrico che firmò il contratto matrimoniale ancor prima di aver visto la sposa. Ma ora Enrico avrebbe piuttosto preferito non consumare il matrimonio.

Nozze a Greenwich

Rinviare Anna a casa sarebbe stato un affronto contro di lei, che in realtà non si meritava e nemmeno la sua famiglia. Nonostante tutto, quindi, il matrimonio andava fatto. Affinché Anna fosse legalmente protetta, stette anche lei al gioco del divorzio pianificato fin dall'inizio. Poco dopo le nozze, dichiarò che il matrimonio non era mai stato consumato. Il divorzio risultò così molto semplice. Anche per questo Enrico la ricompensò generosamente. Ottenne una rendita annua così alta che il primo atto ufficiale del figlio (vale a dire del tutore. Quest'ultimo aveva 8 anni), quando fu eletto re, fu di dimezzare le sue entrate. Anna, una gioiosa renana, evidentemente gestì molto bene la sua situazione di regina divorziata. Visitava spesso il castello e strinse amicizia con la sesta moglie del re, Caterina Parr. Lo stesso re la designava come "la mia migliore amica".

Catherine Howard

Ancor prima che il divorzio da Anna di Clèves venisse ufficializzato, il re si era già infatuato dell'adolescente sedicenne Catherine Howard. La giovane era piena di vita e, in gioventù, aveva già avuto degli affaire con il maestro di musica, l'istruttore di equitazione e ora anche con il re, il quale la portò con sé nel castello mentre Anna ancora vi risiedeva.

Cerimoniale di corte

La simpaticissima, giovane Catherine, purtroppo, non capiva che, in quanto regina, non le era più permesso di cedere alle lusinghe di ogni languido amante. Non passò quindi molto tempo prima che anch'essa fosse condannata per adulterio e che il re ordinasse la sua decapitazione.

Galleria

Allorché i boia di Hampton Court Palace volevano andare a prenderla nella Tower, dove sarebbe poi stata giustiziata, all'ultimo momento ella riuscì a fuggire e a dirigersi verso la cappella del castello, dove il re pregava. Voleva chiedere la grazia. Il re non interruppe nemmeno la sua preghiera. Nella cappella fu recuperata dai suoi inseguitori. La galleria che porta alla cappella è considerata stregata. Qui si aggira non solo il fantasma di Catherine Howard, bensì anche quello di Sybil, balia del figlio del re. Occasionalmente, viene avvistato anche il fantasma di Anna Bolena. L'Inghilterra è piena di castelli infestati. Ma solo Hampton Court Palace offre ben tre spettri.

Muoio come una regina

Le sue ultime parole prima della decapitazione furono: "Muoio come una regina, ma preferirei morire come signora Culpeper." Questo era il suo cognome da ragazza.

Caterina Parr

Fu la sesta e ultima moglie e sopravvisse a Enrico VIII. Questa donna, un'inglese, ebbe una grande influenza educativa sul piccolo principe, il quale aveva 6 anni al momento del matrimonio. Lo riunì perfino con le due sorellastre, Maria ed Elisabetta, le quali erano state escluse dalla successione al trono e dichiarate illegittime dal re. Il piccolo principe imparò a leggere, scrivere e fare i calcoli. Le sue sorelle prendevano parte ad alcune delle sue lezioni. Dopo la morte del padre, il 28/01/1547, a 9 anni, divenne Re d'Inghilterra e d'Irlanda sotto il nome di Edoardo VI.

Quattro matrimoni

Caterina Parr aveva già avuto due matrimoni, prima delle nozze con Enrico. Sei mesi dopo la morte di Enrico, il suo terzo matrimonio, contrasse segretamente il quarto. Il fatto che si fosse già risposata sei mesi dopo la morte del coniuge, non doveva diventare di dominio pubblico. Era una questione di decenza. Con i suoi quattro matrimoni, è la Regina d'Inghilterra con il maggior numero di sposalizi.

Tensioni cattolico-protestanti

Durante il regno di Enrico VIII, le tensioni tra cattolici e protestanti proseguirono anche in Inghilterra. E anche dopo la sua morte prematura all'età di 56 anni, quando il suo unico figlio maschio, Edoardo VI, divenne re a 8 anni. Gli venne assegnato un tutore, Edward Seymour, fratello della madre morta durante il parto. Agli occhi del fratello protestante Thomas, costui era troppo tollerante nei confronti dei cattolici. Thomas voleva far cadere il fratello tramite un complotto. Quando la cospirazione fu svelata, Edward lo fece giustiziare per alto tradimento. Questi eventi, tuttavia, danneggiarono anch'egli a tal punto da provocare rivolte in tutto il Paese. Edward, per molti, era diventato ormai intollerabile come protettore del re minorenne, pertanto John Dudley prese in mano le redini del governo.

Morte a 15 anni

Una malattia, probabilmente la tubercolosi, portò al decesso prematuro del giovane monarca. Affinché il trono non passasse alla cattolica Maria, figlia di primo letto, Dudley nominò sua nipote Lady Jane Grey come erede al trono. Successe al trono in quanto nipote della sorella minore di Enrico VIII. Fu ufficialmente proclamata regina e regnò per 9 giorni. I cattolici fecero però cadere il suo regime e incoronarono Maria la Cattolica nuova regina. Il suo destino da 9 giorni regina si concluse con la decapitazione nella Tower.

Bloody Mary

Maria la Cattolica voleva restaurare il cattolicesimo in Inghilterra. Fece giustiziare 300 protestanti, è per questo passata alla storia come Maria la Sanguinaria – Bloody Mary.
Oggi conosciamo Bloody Mary solo come cocktail.
Il suo regno durò solo 5 anni. Morì a 42 anni. Ci sarebbe molto da raccontare su di lei, anche fatti interessanti. Tuttavia, visse a Hampton Court Palace solo da bambina. Da regina risiedeva a St. James's Palace.

Filippo II

Dopo che Maria, inizialmente diseredata a causa del divorzio di Enrico VIII dalla madre, diventò comunque regina, Carlo V si ricordò del contratto di matrimonio stipulato tra costei e il suo primogenito, sebbene questo avesse 11 anni di meno. Ora il contratto si sarebbe realizzato. Filippo II, un anno dopo l'incoronazione di Maria, si recò in Inghilterra e i due convolarono a nozze nella Cattedrale di Winchester.

False gravidanze

Poco dopo le nozze, Maria rimase incinta. Ma non nacque nessun bambino. Seguì un'ulteriore e drammatica falsa gravidanza. Maria rimase senza eredi.
Così, come possibile successore al trono, rimase solo Elisabetta, figlia di secondo letto. Ciò implicava contemporaneamente anche la vittoria definitiva della Chiesa anglicana contro Roma.

Mancanza di figli

Poiché anche Elisabetta non ebbe figli, in seguito, la corona inglese passò a Giacomo I, Re di Scozia e figlio di Maria Stuarda, grande oppositrice della regina. In tal modo, Inghilterra e Scozia vennero riunite per la prima volta.

Carolus Stuardus

Giacomo I diede la figlia, Elisabetta, in sposa a Federico V del Palatinato, il "Re d'inverno". Costui strinse un'alleanza con i protestanti in Germania. Il contrasto cattolico-protestante portò alla defenestrazione di Praga, nel 1618, e all'inizio della guerra dei trent'anni. In Inghilterra, contemporaneamente, iniziava la dittatura di Cromwell, il quale imprigionò Carolus Stuardus e nel 1649, un anno dopo la fine della guerra dei trent'anni, lo fece giustiziare di fronte alla Banqueting House a Londra. Gli uomini di Cromwell volevano tenerlo prigioniero a Hampton Court Palace. Egli riuscì, però, a scappare attraverso i giardini. Nuotò attraverso il Tamigi, ma venne poi arrestato su un'isola del Canale. Venne giustiziato davanti alla Banqueting House di Londra nel 1649, un anno dopo la fine della guerra dei trent'anni.

Un'era sanguinosa

Con questa esecuzione, la monarchia in Inghilterra termina per qualche tempo e segue la dittatura di Cromwell. Questa fu un'era particolarmente sanguinosa, specialmente per la cattolica Irlanda. A ogni modo, mai così disastrosa come la simultanea e furiosa guerra dei trent'anni in Europa centrale.

Fine della visita

Con quest'ampia esposizione, Miroslav concluse la visita guidata del castello.

In Mercedes (6.10)

Conclusa la visita guidata, Miroslav ci portò a casa da sua moglie Mila con la sua Mercedes. Già in precedenza, avevo spesso notato che in Inghilterra, soprattutto di fronte alle ricche ville simili a palazzi, vi erano parcheggiate auto tedesche: BMW, Audi, Volkswagen. Ne ero rimasto stupito, considerato che l'Inghilterra, in quanto patria della Rolls Royce e della Jaguar, è invero ai vertici dell'industria automobilistica. A quanto pare invece il Made in Germany conquista molti inglesi, sebbene questo "Prodotto in Germania" a dire il vero fu inventato per discriminazione. Gli inglesi non dovevano acquistare prodotti provenienti dalla Germania. Il "Made in Germany", contrariamente, è diventato un marchio.

Complimento

Mi complimentai con Miroslav per aver condotto la visita al castello in modo così vivace e gradevole. Gli raccontai anche che avrei incluso le sue stories nel mio libro, il Decamerone londinese. Udite queste parole, mi rispose: "Se lo avessi saputo, avrei narrato dell'altro grande amore di Enrico VIII, ovvero Margherita di Navarra, alla quale fece addirittura una proposta di matrimonio, che ella però rifiutò. Margherita era la sorella del re francese Francesco I e pure lei scrisse un Decamerone.

Heptaméron

Voleva scrivere una storia di dieci giorni, parimenti a Boccaccio. Al contrario dello scrittore italiano, tuttavia, le sue novelle non erano inventate, bensì riferivano vicende reali delle personalità celebri dell'epoca. Ma arrivò solo fino al settimo giorno. Pertanto, l'opera venne intitolata Heptaméron, dal numero greco 7, "Hepta". Margherita di Navarra era una donna incredibilmente intelligente, parlava 7 lingue. Per di più era di una bellezza fuori dal comune.

Supplica per il fratello

Poiché Francesco I in seguito alla battaglia di Pavia, nella quale fu sconfitto da Carlo V, non mantenne la sua parola e, dopo esser stato liberato dall'imperatore organizzò subito nuove truppe per riprendere la guerra, Carlo V, dopo la sconfitta, lo portò con sé a Madrid e lo tenne prigioniero per più di un anno. Margherita viaggiò fin là, volendo chiedere la grazia per il fratello. Carlo V avrebbe dovuto essere clemente ancora una volta, nonostante la parola data non fosse stata rispettata. Margherita fece una così buona impressione su Carlo V che costui le fece perfino una proposta di matrimonio. Ma anch'esso venne respinto. Sposò un nobiluomo francese che aveva dei possedimenti in Navarra. Risiedeva a Pau, nei Pirenei, non lontano da Lourdes. Divenne poi madre dell'amatissimo Re di Francia Enrico IV."

Enrico IV

Caro Miroslav, ora devo un attimo correggerti. Margherita non era la madre di Enrico IV, bensì la nonna. Dal momento che era molto cosmopolita, la sua corte era frequentata non solo da grandi poeti, Rabelais, il quale diede forma a figure immortali con Gargantua e Pantagruel, bensì anche da

Calvino, il quale giocò un ruolo fondamentale per il protestantesimo in Francia. Così, la sua corte divenne un punto di riferimento per questa nuova confessione e il nipote Enrico IV capo dei protestanti francesi. Il suo matrimonio a Parigi doveva essere una riconciliazione tra cattolici e ugonotti.

Notte di san Bartolomeo

Questo matrimonio fu l'occasione del massacro di migliaia di ugonotti. Tutti i personaggi ugonotti più importanti si sarebbero riuniti a Parigi per le nozze. Il piano omicida per la notte venne concordato in precedenza e venne applicato anche nelle province nelle altre regioni di Francia. Il fatto che questo Enrico IV poi divenne comunque re, a condizione che si sarebbe convertito al cattolicesimo, fu un'importante decisione che salvò la Francia dalle guerre religiose, come la guerra dei trent'anni che dilaniò la Germania.

"Paris vaut bien une messe"

Questo detto è noto universalmente. Significa: per avere Parigi, basta ascoltare una messa cattolica. Così giustificò il suo tradimento della fede. Altri suoi noti detti: "Le coq au pot", prometteva a ogni uomo semplice un pollo in pentola la domenica. Egli era anche un grande donnaiolo. In francese si dice: "Vert galant". Il più piccolo parco di Parigi, nel bel mezzo della Senna, era l'unico a non chiudere di notte, in suo onore. Gli studenti affamati d'amore, i quali all'epoca non potevano portare le loro ragazze in camera, si incontravano qui notte dopo notte. Quando pioveva e l'erba dietro e sotto i cespugli era bagnata, quattro fino a cinque coppie di amanti dovevano condividere una panchina.

Editto di Nantes

Il suo editto di Nantes, il quale assicurava la pace religiosa tra i protestanti e i cattolici in Francia e il quale fu revocato da Luigi XIV, fu molto benefico. L'editto salvò la Francia da una guerra dei trent'anni che rovinò il millenario "Impero delle nazioni tedesche".

Politica matrimoniale

Miroslav fece un supplemento quasi comico per quanto riguarda la politica matrimoniale dell'epoca. È davvero curioso che Enrico si propose alla sorella del Re di Francia, ma poi non esitò a invadere la Francia per conquistarla mentre il re francese era impegnato nella battaglia di Pavia.

Dauphin

Pochi anni prima aveva già avviato le trattative, affinché sua figlia Maria sposasse il Dauphin, l'erede al trono di Francia. Questo accordo era ancora valido quando invase la Francia con le sue truppe. Dei possedimenti inglesi in Francia, della grande Normandia, non era rimasto che la testa di ponte di Calais. A partire da qui, voleva conquistare la strategica Terenburg. Era una fortezza militarmente importante, situata nel punto più stretto del Canale. Era un'importante sede vescovile, con la più grande cattedrale di Francia e i francesi la sottrassero come enclave all'imperatore tedesco relativamente presto. Oggi il comune si chiama Thérouanne. Fu rasa al suolo da Carlo V, tanto che oggi restano solo gli scavi archeologici da visitare.

Re di Scozia

Quando il re scozzese scoprì che Enrico era impegnato in Francia e sua moglie Caterina doveva occuparsi da sola degli affari di Stato, sfruttò l'occasione a suo favore e invase l'Inghilterra. Francesco I lo interpretò come un aiuto e sciolse la promessa di matrimonio con Maria a favore di Maria Stuarda, figlia del Re di Scozia. Costei venne data in sposa al Dauphin. Un matrimonio che tuttavia non durò a lungo e, inoltre, la regina scozzese non ebbe gran fortuna nemmeno sul fronte della campagna militare contro Caterina.

Caterina nel ruolo di "comandante"

Caterina, donna affatto casa e chiesa, riuscì nell'impresa quasi impossibile di sconfiggere il re di Scozia. Enrico VIII l'aveva nominata unica reggente in sua assenza. Lo scozzese sfruttò l'assenza di Enrico VIII, invadendo l'Inghilterra con 60.000 guerrieri. Nella battaglia decisiva di Flodden Field 30.000 soldati caddero, il resto venne annientato e lo stesso re perì. Caterina inviò il suo abito imbrattato di sangue al marito in Francia come segno di vittoria.
Tutte queste sconcertanti costellazioni ci fanno supporre che la storia sarebbe potuta andare in modo molto diverso.

Arrivo da Mila (6.11)

Case a schiera

Miroslav e la moglie possedevano una tipica casa a schiera. Più di 20 case accostate una a fianco dell'altra ma ognuna con il suo ingresso e il suo piccolo giardino antistante, il che permette agli inglesi che i prezzi siano così vantaggiosi e quindi quasi ogni giovane coppia può permettersi l'acquisto di una casa. La più alta percentuale di proprietari di case in tutto il mondo.

Da Mila

Ci stava già attendendo. La tavola era apparecchiata gradevolmente. Sapeva che un amico tedesco sarebbe venuto. Sua nonna era viennese e lei era molto orgogliosa del suo tedesco più che discreto. Ci mettemmo subito a parlare. Ovviamente, le relazioni tedesco-polacche divennero subito un tema centrale.

Menù polacco

Mila volle servire dei tipici piatti polacchi, cosa non difficile considerato che, da quando la Polonia è entrata nell'EU, in Inghilterra vi sono molti negozi di generi alimentari polacchi. Con la Brexit non si sa ancora con certezza se i polacchi ora potranno rimanervi.

Bigos

Aveva pensato di fare i golabki, "piccioni", degli involtini di cavolo stufati, invece poi decise di preparare il piatto nazionale, il bigos. È uno stufato di crauti, verza, carni varie, funghi, carote, ...

Antipasti

Prima di tutto ci venne servito un antipasto, salsiccia di Cracovia accompagnata con dei gustosi cetriolini sott'aceto polacchi. Barszcz, una minestra di barbabietola con pieroghi, mezzelune di pasta ripiene di quark.

Prestiti linguistici

Mila era convinta che in Polonia sappiano preparare i migliori piatti a base di cetrioli e sapeva che i tedeschi hanno preso in prestito la parola Gurke (cetriolo) dal polacco.

Quark

Anche la parola quark deriva dal polacco.
I numerosi piatti che i polacchi riescono a preparare dal quark hanno convinto i tedeschi a imitarli e, insieme alle ricette, hanno adottato anche la parola quark. Mila sapeva anche questo.

Traduttori

Nel mix multietnico di polacchi, ungheresi e perfino turchi, c'era bisogno di un traduttore che padroneggiasse l'incomprensibile miscuglio di lingue e che potesse essere chiamato innanzitutto dai traduttori ungheresi, poi dai polacchi e infine anche dai tedeschi.

Kretschmer

Kretschmer in polacco significa oste. I tedeschi non hanno adottato questo termine ma ritroviamo la parola tuttora in molti cognomi tedeschi.

Le maniere a tavola

A tavola, durante il pasto, in verità non si dovrebbe parlare. Ma Mila chiacchierava così piacevolmente che il pranzo fu ottimo non solo per il gusto ma anche per lo spirito.

Dessert

Terminato il dolce, Mila indirizzò il discorso su Cracovia, sua città natale, che ama molto. Ritiene sia la più bella tra le città polacche.

Fortuna

In quanto unica città polacca, questa non venne distrutta durante la 2° guerra mondiale. Dopo la caduta di Danzica, fu consegnata ai tedeschi senza combattere e senza sparare un colpo. Verso la fine della guerra, quando l'Armata Rossa stava approcciando, il governatore generale Frank fece evacuare le truppe tedesche dalla città, per cui questa straordinaria città storica non venne deteriorata dalle azioni militari.

L'anno 999

Per Mila, l'anno 999 d.C. è un punto fermo sulla linea degli avvenimenti storici. In questo anno vengono menzionati per la prima volta i "Polani", i quali colonizzarono la regione della Vistola.

Antefatto

La leggenda vuole che, molto prima, il principe tribale Krak uccise il drago che abitava la grotta nella collina di Wawel e poi vi fondò una città. È per così dire il Sigfrido polacco.

Casimiro I

Durante il suo regno, Cracovia divenne perfino capitale, in seguito alla distruzione di Gniezno da parte dei cechi. Varsavia divenne capitale solo nel XVI secolo. Cracovia raggiunse il suo periodo aureo sotto Casimiro il Grande. In questo periodo arrivarono molti tedeschi in città e anche molti ebrei. Cracovia aderì alla Lega anseatica e ottenne il diritto civico del Magdeburgo.

Nozze del principe di Landshut

Salde relazioni familiari con le dinastie di principi tedeschi portarono a numerosi matrimoni con gli Asburgo e i Wittelsbach. Elisabetta d'Asburgo, consorte di Casimiro IV, venne addirittura soprannominata "Madre degli Jagelloni". Il duca bavarese, Giorgio il Ricco, convolò a nozze con la figlia, Edvige Jagellona (Jadwiga), in Baviera. Il Matrimonio di Landshut viene tutt'oggi celebrato biennalmente.

Veit Stoss

A un certo punto arrivò a Cracovia anche lo scultore Veit Stoss, di Norimberga. Ricevette l'incarico di realizzare l'altare maggiore nella Basilica di Santa Maria. Questo altare è così ricco e sfarzoso che una città come Norimberga non avrebbe potuto pagarlo. L'artista diventò benestante a Cracovia. Il suo incomparabile talento nel rendere il legno e la pietra opere d'arte, gli permise anche di realizzare il monumento sepolcrale di Casimiro IV.

Jagelloni – Università

Copernico studiò nell'università di Cracovia insieme a molti studiosi germanofoni. È l'università più antica dell'Europa centrale, dopo l'Università Carolina di Praga. Studiò Matematica e Astronomia. Ma era nato a Toruń nel 1473, la più antica città prussiana, fondata nel 1231 dall'Ordine teutonico.

Collaborazione proficua

Ci sono molti altri nomi tedeschi di tipografi, fonditori di campane, pittori che hanno contribuito alla fioritura culturale di Cracovia. La convivenza tra polacchi e tedeschi può quindi essere molto vantaggiosa per entrambi.

Chopin

Possiamo anche ricordare che Chopin ha mantenuto per tutta una vita l'amicizia con József Elsner, suo insegnante di musica. Egli introdusse il piccolo Fryderyk all'arte della composizione e lo avvicinò al pianoforte ben temperato di Bach e alla ricchezza musicale di Mozart. Fryderyk continuò a coltivare quest'amicizia anche quando viveva a Parigi.

Shibboleth

Purtroppo, tra i due gruppi etnici, cominciarono presto a emergere dei conflitti sciovinistici di diversa natura. Durante un conflitto tra i cittadini tedeschi e il duca polacco, quest'ultimo bandì i tedeschi dalla città e molti vennero giustiziati. I tedeschi erano quelli che pronunciavano kolo, miele, mlyn con accento tedesco, piuttosto che polacco. Nella pronuncia ci sono spesso differenze impercettibili che solo un nativo è in grado di riconoscere. All'epoca, gli abitanti di Cracovia parlavano tutti tedesco, polacco e yiddish. Anche i bambini crescevano già con tre lingue, poiché ogni gruppo della popolazione rappresentava circa un terzo del totale. I bambini tedeschi, però, pronunciavano la L come la madre, i bambini polacchi velare come la madre. Nello scritto, i polacchi fanno una riga trasversale sulla L.

S e SS

Circa l'esposizione di Mila mi venne in mente che per i tedeschi a sud della linea Colonia-Berlino la s in principio di parola è sorda. Ciò è riconducibile allo stretto rapporto con i Romani. Anche gli italiani e i francesi pronunciano la s all'inizio di parola esattamente così. Al contrario, a nord di questa linea si è conservata la s sonora dei Germani. A partire dal modo in cui si pronunciano i termini Sonne, soleil, sole, è possibile riconoscere immediatamente se la persona in questione è nata a nord o sud di questa linea. Oggi questo fenomeno è in gran parte sparito.

Basso-tedesco e alto-tedesco

Questa linea Colonia-Berlino, in realtà, rende l'area linguistica tedesca bilingue. Nella parte a Nord, la pianura, si parla basso-tedesco "platt". Qui non è avvenuta la mutazione consonantica alto-tedesca. Quest'ultima si è verificata a causa della stretta vicinanza dei Germani ai Romani. Le leggi della mutazione furono riconosciute da Grimm. In Inghilterra si parlava infatti di Grimm's Law.

Lingua scritta

Attraverso la traduzione della Bibbia di Lutero in tedesco superiore, il linguaggio standard della burocrazia sassone, parlato in forma simile anche dall'imperatore a Vienna, l'alto-tedesco si è affermato come lingua scritta e infine anche come lingua parlata nel Nord. Il Platt o basso-tedesco era ancora considerato un dialetto.

Sparta e Atene

Le differenze linguistiche nella pronuncia sono dai tempi dei tempi motivo di battute e derisione. La pronuncia del fonema s, sordo o sonoro, era un invito a nozze per gli ateniesi che volevano prendersi gioco dei rivali spartani. Citavano passaggi poetici in dialetto spartano. Ne risultava:
Mondbeglänzte Meeres-Auen
MondbeglänzteMeeres-Sauen[1]

Segno di riconoscimento

Le peculiarità linguistiche sono spesso un segno di riconoscimento. Una spia tedesca che padroneggiava il francese in modo talmente perfetto e privo di accento da non poter stabilire se fosse tedesco o francese durante l'interrogatorio, alla fine si rivelò comunque tedesco a causa della lingua. Inaspettatamente, uno dei partecipanti all'indagine gli conficcò un oggetto appuntito nel di dietro. Egli urlò "aua". Fosse stato francese, avrebbe urlato "aie". Sì, lo sapeva. Ma l'effetto sorpresa lo fece reagire di riflesso.

Gilead

A proposito, la parola Shibboleth deriva dall'Antico Testamento (Giudici 12,5-6). Significa che l'origine di una persona viene riconosciuta grazie a delle impercettibili differenze di pronuncia. (Il professor Higgins del musical è in grado di riconoscere perfino da quale distretto di Londra provenga un oratore). In una battaglia intorno a Galaad, i fuggitivi dovevano pronunciare la parola Shibboleth. La pronuncia avrebbe rivelato se provenissero effettivamente

---

[1] Prati di mare splendenti di luna
Scrofe di mare splendenti di luna

dalla città o dalla zona circostante. Se non fossero stati in grado di pronunciare perfettamente la parola, e quindi identificarsi come ebrei di Galaad, sarebbero stati uccisi.

Kirsche e Kirche – Ciliegia e cucina

La differenza tra queste due parole è molto complessa per i francesi che devono apprenderla. L'h aspirata non è un problema solo per i francesi. I tedeschi meridionali differenziano tra ei e ai, Leib e Laib – corpo e forma di formaggio, cosa che i settentrionali non sanno fare. Non conoscono nemmeno la differenza tra ou e au. Invece che Blaukraut devono dire Rotkohl – entrambi i termini indicano il cavolo rosso.

Teatro filodrammatico

Dopo questi excursus attraverso le finezze linguistiche nella pronuncia di vocali e consonanti, Mila indirizzò il discorso sul suo tema favorito: danza, teatro e operetta. Già da ragazza era parte attiva di gruppi di teatro filodrammatico.

Der Bettelstudent

Momento clou della sua "carriera" all'interno del gruppo fu la rappresentazione di "Der Bettelstudent" di Millöcker. L'operetta, com'è noto, è ambientata a Cracovia e il tema è la lode alla bellezza della donna polacca.

"Ho stretto dei legami delicati"[2]

Così canta il tenore. "Studiai la parigina,
le più belle donne della Sassonia, della Germania,
dell'Ungheria e di Vienna[3]

---

[2] "Ich knüpfte manche zarte Bande"

Per amore della rima, elogia anche la bellezza della creola.
Ma tutta la bellezza svanisce rapidamente
in confronto alla polacca,
il fascino della polacca non ha eguali"[4].

Complimento

Mila si auto riferì queste righe, senza alcuna falsa modestia e, invero, era davvero una donna straordinariamente bella. Questo complimento dovevo proprio farglielo, senza falsità alcuna.

Augusto il Forte

Menzionare le belle donne della Sassonia, portò Mila a citare che Augusto il Forte, Granduca di Sassonia, diventò anche Re di Polonia. Nella Grünes Gewölbe di Dresda si possono tuttora ammirare le ricchezze che aveva accumulato a quel tempo.

Digressioni

Ci spostavamo da un tema all'altro, dal regno polacco-lituano, al quale apparteneva quasi tutta l'Ucraina, passando dalla Crimea fino all'opprimente tema di Auschwitz. Questo campo di concentramento si trova a poco meno di un'ora di macchina da Cracovia.

---

[3] So singt der Tenor. Er „studierte die Pariserin,
die schönsten Frauen im Sachsenlande
in Deutschland, Ungarn und in Wien"

[4] "Doch all die Schönheit schnell verbleicht,
wenn man dagegen hält die Polin,
der Polin Reiz bleibt unerreicht."

Schindler's List

A Cracovia si trova anche la fabbrica di Schindler, il quale riuscì a salvare migliaia di ebrei dalla deportazione impiegandoli nella sua fabbrica, dove erano indispensabili per la produzione di prodotti d'importanza bellica.

Michel Friedmann

È famoso grazie ai Talkshow nella TV tedesca.
L'aiuto di Schindler salvò i genitori e la nonna da Auschwitz. Dopo la guerra emigrarono in Francia. Causa del trasferimento fu un capitolo inglorioso di violenze antisemite che portò all'uccisione di sei ebrei. Questo massacro, commesso dalla Polonia dopo che Auschwitz venne liberata e dopo che i tedeschi lasciarono Cracovia, continua tutt'oggi a causare malumori tra Israele e Polonia. Michel nacque nel 1956 a Parigi. In seguito scelse la Germania come luogo di residenza.

Roman Polanski

Anch'esso sopravvissuto a Cracovia. Poté nascondersi presso delle famiglie polacche, come il padre e altri parenti. Dopo la fine della guerra, lasciò Cracovia a causa di questo massacro, emigrò prima in Inghilterra e poi negli Stati Uniti. Il suo film più noto è "Per favore, non mordermi sul collo!".

Rapporti tedesco-polacchi

Mila aveva sostenuto la conversazione quasi da sola. Miroslav probabilmente si era prodigato troppo per Enrico VIII e le sue mogli. Allora le posi io una domanda riguardo a qual fosse il suo punto di vista circa il rapporto tedesco-polacco. Disse: "Il passato, ancora, non è stato affatto rivisto. Non c'è una riconciliazione in vista e non si può parlare di amicizia". Non potevo che essere d'accordo, benché questa condizione mi rammaricasse quanto lei.

Viaggio in Slesia

Ero in viaggio in Slesia con un gruppo di profughi slesiani. Alcuni di loro erano stati cacciati già da bambini insieme alla madre, altri erano figli di esiliati.

Patria

Le loro emozioni erano molto intense quando giungevamo nelle città o nei paesi ove tuttora si trovavano gli edifici dei loro genitori o nonni. "Guarda, la macelleria dello zio Karl è ancora in piedi", "Questa locanda era gestita dai miei genitori", "Qui, in questa scuola, imparai a scrivere e leggere le prime parole, prima che venissimo espulsi".

Capocomitiva polacca

Era una ragazza carina, giovane e molto simpatica ma non le era permesso dire nulla riguardo ai tedeschi che una volta vissero qui. Anche a Breslavia, dove il centro storico è stato ricostruito in modo storicamente fedele, costei non era a conoscenza del fatto che una volta i tedeschi vi avevano vissuto. Conosceva solo il passato polacco e dunque, secondo il suo punto di vista, Breslavia è sempre stata una città puramente polacca. Oggi, infatti, si chiama Wroclaw.

Jagniątków

La casa di Gerhard Hauptmann è stata a lungo chiusa al pubblico. In quanto autore del dramma socialmente critico "I tessitori", fu tenuto in grande considerazione dai comunisti e da Stalin, benché in seguito aderì al nazionalsocialismo. La sua casa venne lasciata intatta. Ai tempi della RDT ottenne perfino i funerali di Stato. La sua tomba si trova a Hiddensee, dove è anche possibile visitare la sua villa estiva, oggi adibita a museo. Oggi, però, la sua casa si trova in Polonia. La capocomitiva non ci seppe spiegare perché un grande poeta tedesco e premio Nobel avesse vissuto nel cuore della Polonia.

Consenso

Mila dovette concordare con questa constatazione. Anche lei era dell'opinione che alla maggior parte dei polacchi manca la sincera volontà di dire il vero circa i tedeschi espulsi. Il rapporto tra polacchi e ucraini è altrettanto disonesto. I conflitti a Leopoli, città in cui vivevano principalmente polacchi, mentre la campagna circostante era abitata esclusivamente da ucraini, rimangono tuttora nella memoria. Le zone a popolazione mista risultano sempre problematiche se i diritti delle minoranze non vengono rispettati.

Galizia

Il conflitto di Leopoli di allora raggiunse persino l'ultimo imperatore asburgico a Vienna, il quale voleva occuparsi personalmente di trovare una soluzione pacifica al conflitto. Venne tuttavia ostacolato dallo scoppio della Prima guerra mondiale nel 1914.

Königsberg

Alle tensioni tra tedeschi e polacchi devo aggiungere un parallelo circa il rapporto tra tedeschi e russi. Durante un viaggio nella Prussia orientale, la capocomitiva era una donna russa. Questa ammise francamente di aver appreso la storia della città solo grazie ai turisti tedeschi. Lei stessa era nata a Königsberg, oggi Kaliningrad, ma i genitori vi furono trasferiti nel 1945, senza ulteriori consultazioni.

Il castello di Königsberg

Il castello di Königsberg fu fatto saltare in aria per una sorta di damnatio memoriae e al suo posto fu eretto un orrendo oggetto di prestigio mal riuscito, di cui tutti vorrebbero di nuovo sbarazzarsi. Ma i costi di demolizione sono troppo alti. Anche il ritorno al nome originario, ovvero Königsberg – paragonabile a San Pietroburgo invece di Leningrado – è un desiderio comune. Tuttavia, anche una correzione così innocua è associata a costi ingenti.

Polpette di Königsberg

La guida turistica russa apprese la ricetta delle polpette di Königsberg dai turisti e la passò anche a noi. Con lei visitammo la tomba di Kant e il mausoleo a lui dedicato all'interno della cattedrale, il quale è rimasto conservato nonostante la distruzione della cattedrale. Come commiato ci lesse una poesia della poetessa Agnes Miegel, dedicata alla sua città natale Königsberg. Veramente toccante! E che differenza con la Polonia.

Testimoni del tempo

A questo proposito voglio addurre ancora un esempio. Un'amica venne nella nostra città insieme alla madre come rifugiata, dopo la fine della guerra. Era originaria di Bydgoszcz, una città polacca con un'alta percentuale di popolazione tedesca. Iniziò ad andare a scuola lì. Non era permesso parlare tedesco, a scuola men che meno. Ma sulla strada verso casa, con la compagna di classe, anch'essa tedesca, parlavano entrambe in tedesco, naturalmente. Un polacco che le aveva raggiunte con la sua carrozza, sentì che le due bambine parlavano in tedesco l'una con l'altra. Tirò fuori la frusta e colpì entrambe le bambine di 8 anni. Così veniva trattata la minoranza tedesca da un polacco, molto prima che scoppiasse la guerra.

Morte del padre

La stessa donna, da bambina, dovette assistere alla morte del padre, picchiato a morte da un polacco nel cortile di casa sua, solo perché era tedesco. Nella riconciliazione tra i popoli, vanno menzionati anche tali crimini.

Katowice

La ricca regione industriale dell'Alta Slesia votò per la Germania nel 1918. Tuttavia, il governo polacco invase semplicemente l'area con il suo esercito e la incorporò nel territorio polacco. I tedeschi non potettero difendersi poiché in quel momento non era loro permesso di avere un esercito. Il carbon fossile estratto nell'Alta Slesia è qualitativamente superiore a quello della regione della Ruhr e, inoltre, è coltivabile a giorno. Questa rapina fu in seguito autorizzata dagli Alleati. Ciononostante, tali fatti devono essere discussi apertamente. Le menzogne, le distorsioni e i falsi storici non costituiscono un terreno fertile per la costruzione di una prospera coesistenza tra gli Stati.

Commiato

Allorché ci salutammo, era già pomeriggio inoltrato; la nostra conversazione era stata così animata. Con il taxi ci spostammo direttamente dalla casa dei nostri ospiti al Mari Vanna, dove i "panslavisti", un gruppo di discussione privato formato da esteuropei, si sarebbe incontrato quella sera. Anche Miroslav e Mila ci andavano di tanto in tanto, ma avevano un altro appuntamento quel giorno.

In viaggio con il taxi (6.12)

La strada da Hampton Court al Mari Vanna, presso il Knightsbridge a Westmister, è piuttosto lunga. Soprattutto con il traffico e gli ingorghi consuetudinari di Londra. Houston ebbe quindi abbastanza tempo per informarmi su cosa aspettarci dalla serata.

Panslavisti

Le persone che si riuniscono questa sera si denominano "panslavisti". Questo nome sembra alquanto provocatorio, ma vuole essere piuttosto umoristico e ironico. Sta a indicare che l'invito è aperto a tutti gli slavi, quindi anche gli slavi occidentali della Polonia e quelli meridionali dai Balcani. È un gruppo di discussione liberamente organizzato su base completamente privata. Non è necessario pagare un contributo, né è prevista una regolare partecipazione. I fedelissimi si incontrano una volta al mese e di solito si prestabilisce un tema per il dibattito.

Pangermanismo

Pangermanismo è un termine comparabile. Tuttavia, è più provocatorio rispetto a panslavismo. Questo vocabolo indica il sogno di un Impero Grande Tedesco, in cui fossero uniti tutte le genti di lingua tedesca, dunque non solo gli austriaci e gli svizzeri germanofoni, ma anche coloro che parlano i dialetti basso-tedeschi, il fiammingo in Belgio e l'olandese nei Paesi Bassi.

Paulskirche

Nel 1848, a Francoforte, i deputati discussero circa la soluzione dei Grandi Tedeschi. Poiché l'imperatore a Vienna non voleva rinunciare al suo Stato multietnico della monarchia asburgica, si optò per la soluzione piccolo-tedesca con Berlino nuova capitale, dove in seguito risiedette il re del casato Hohenzollern come secondo imperatore. L'imperatore asburgico a Vienna parlava sì tedesco ma, oltre ai suoi possedimenti germanofoni, c'erano anche molti centri culturali e capitali splendidi: Budapest per l'Ungheria, Praga per la Boemia, Bratislava per la Moravia, Maribor e Lubiana per la Slovenia, ecc.

Accezione negativa

Entrambi i termini, panslavismo e pangermanismo, sono considerati denominazioni di un'ideologia identitaria e del movimento politico teso a perseguire l'obiettivo criminale dell'unificazione ai fini della dominazione mondiale. Nella nostra società del sabato, non resta più nulla di questa accezione.

Fondazione del circolo

Questo circolo si incontra al Mari Vanna per discutere da quasi 100 anni. I primi a incontrarsi qui erano emigrati russi che si salvarono la vita fuggendo dai bolscevichi nel 1918, emigrando prima a Parigi e poi alcuni di loro continuarono fino a Londra. Erano spesso indigenti perché avevano perso tutto nella Rivoluzione. Qui a Londra dovevano spesso vivere nelle baracche più economiche. Allo stesso tempo, non volevano perdere la vita signorile a cui erano abituati a San Pietroburgo. Il Mari Vanna, nostalgicamente arredato in stile zarista, almeno li ha aiutati a ricordare lo splendore dei tempi passati. Per questo si incontravano qui.

Antibolscevichi

Dopo la Seconda guerra mondiale, si aggiunsero a questo gruppo gli oppositori dichiarati del comunismo e stalinismo. Attualmente sono il gruppo più numeroso.

Wladimir

Egli apparteneva a questo gruppo. Lavora come interprete in simultanea di inglese-russo per il governo. Sarà oratore per questa sera e terrà una conferenza sull'antefatto dell'assalto di Hitler all'armata di Stalin durante la Seconda guerra mondiale. Ha accesso ad archivi che non sono facilmente accessibili al pubblico.

Conferenza di Jalta

Wladimir nacque in Inghilterra da madre russa. Il padre era un russo che ha servito l'esercito di Vlasov. Dopo la conferenza di Jalta, questo doveva essere consegnato a Stalin, il che avrebbe significato la sua morte certa. Ma riuscì nell'impresa, e fu uno dei pochi, di fuggire e sparire. Anche la moglie riuscì a fuggire in Occidente.

Vlasov

Houston dovette spiegarmi chi era Vlasov. Era il generale di maggior successo di Stalin. Il'ja Ėrenburg gli ha perfino dedicato una celebrazione letteraria. Combatté nella zona a nord di Leopoli. Difese Kiev e comandò la 20° armata durante la battaglia di Mosca. Divenne comandante in capo per la liberazione dell'assediata Leningrado. Lottando, riuscì anche a ottenere un passaggio fino alla città. Tuttavia, le sue armate non potevano essere rifornite nelle posizioni in cui si trovavano. Stalin proibì qualunque ritirata e i suoi soldati morirono letteralmente di fame. I pochi rimasti furono sterminati dai tedeschi. Vlasov stesso venne catturato.

Il'ja Ėrenburg

Dovetti nuovamente chiedere a Houston. Anche se mi considero tra i più informati in Germania, questo nome mi era sconosciuto. Il'ja Ėrenburg fu uno degli scrittori più noti dell'era sovietica. Era un sostenitore convinto del bolscevismo e invitò i soldati sovietici a "stuprare donne e ragazze! Rompere l'orgoglio della donna tedesca!". E questo è realmente successo milioni di volte. Certo, probabilmente accade in ogni guerra. Da questo punto di vista niente di nuovo. Ma considerato che Il'ja Ėrenburg era ebreo, questa richiesta avrebbe potuto portare a sentimenti antisemitici. La dichiarazione ufficiale del governo israelita recita: "Questa citazione è stata inventata dai nazisti e messa in bocca a Ėrenburg per diffamare gli ebrei.

Cambio di fazione

Tornando a Vlasov. Le esperienze traumatiche e la spietatezza di Stalin nel sacrificare vite umane, hanno probabilmente contribuito a far sì che cambiasse schieramento, nonostante fosse rimasto patriottico, e ad accrescere il desiderio di aiutare a liberare la Russia dalla tirannia di Stalin. Per questo motivo battezzò la sua armata "Armata Russa di Liberazione". Nel manifesto di Praga descrisse la sua idea di Russia del futuro. Non voleva riportare lo zarismo, bensì aspirava a una democrazia decisa dal popolo.

La guerra patriottica

All'inizio della guerra, Stalin non era affatto a cavallo. La maggior parte del popolo era contro di lui. La debolezza dell'opposizione, tuttavia, consisteva nel fatto che nessuno avrebbe organizzato la resistenza. Solo la difficile situazione del nemico straniero alle porte, i tedeschi, unì i russi saldamente. Nonostante i crimini dei bolscevichi e l'indifferenza spregiudicata riguardo alle mostruose perdite sui campi di battaglia, i russi si congiunsero contro il nemico straniero. Per questo parlano anche di "guerra patriottica". Solo questa guerra è riuscita a unire una nazione divisa dalla lotta di classe.

Scarsa fiducia in se stessi

Ci sono diversi esempi del fatto che Stalin sapesse di non avere alcun sostegno popolare. Il suo potere si basava unicamente su un terrore senza pari. Allorché fu informato dell'attacco tedesco, informazione che lo colse di sorpresa, suppose che i suoi generali avrebbero colto l'occasione per catturarlo immediatamente. Fuggì dal Cremlino e si nascose nella sua dacia. Ma con suo grande stupore, apparve il Politburo e lo pregò di assumersi la direzione della guerra.
Rendendosi conto che anche il semplice soldato non sarebbe stato intenzionato a combattere per il comunismo, temeva che i semplici militi si sarebbero fatti sconfiggere senza nemmeno combattere. Pertanto, ordinò la pena di morte per chiunque si fosse fatto catturare.
I prigionieri russi, i quali furono messi ai lavori forzati dopo esser stati catturati in Germania e che dopo il 1945 furono consegnati a Stalin da Churchill, vennero fucilati subito dopo il trasferimento, sebbene la loro cattura fosse avvenuta 3 anni prima.

Parata a Mosca

Nel 25° anniversario della Rivoluzione d'Ottobre, Stalin organizzò una parata sulla Piazza Rossa. Contemporaneamente, i tedeschi si trovavano a soli 40 km da Mosca.
La situazione militare sembrava senza vie d'uscita e i generali russi avrebbero firmato un armistizio molto tempo prima. E tuttavia Stalin rimase ostinato, mosso da un puro istinto di autoconservazione. L'obiettivo dei tedeschi era l'esautorazione sua e del suo partito. Non ne sarebbe uscito vivo. Avrebbe dovuto rispondere di fronte a un tribunale per tutte le atrocità commesse. Lo sapeva bene. Affinché gli ufficiali non gli avessero semplicemente sparato durante la parata, Stalin ordinò che tutte le loro armi fossero prive di munizioni durante la sfilata.

Al Mari Vanna (6.13)

Arrivammo per ultimi. Eravamo rimasti bloccati nel traffico troppo spesso. Ci era stata riservata una stanza adiacente. Anche Cynthia e Charles erano già arrivati. Lizzy e Douglas erano impossibilitati. Tutto si svolse in modo molto disinvolto. C'erano piatti á la carte. Ognuno ordinava ciò di cui aveva voglia. Il circolo era composto da circa 30 persone. Tutti si conoscevano molto bene. La serata iniziò con chiacchiere personali e piaceri della tavola.

á la carte

Andrebbero menzionati almeno i nomi dei piatti deliziosi che ci sono stati serviti. Già solo le minestre fanno venire l'acquolina in bocca: Borschtsch, Soljanka, Rassolnik, Ucha, Schtschi, Okroschka.

Ma anche gli antipasti freddi sono eccellenti. Esistono molte varianti delle uova alla russa, maionese abbondante mista a caviale o aringa, o salsiccia... accompagnate con pieroghi.
Bliny e Pelmani, Poroschki, Matschi, Schaschlik, Boeuf Stroganoff... I russi non se la passavano male ai tempi dello Zar.

Principe William

La direzione del ristorante è molto fiera del fatto che il principe ereditario William abbia osato festeggiare il suo trentesimo compleanno al ristorante russo Mari Vanna, nonostante il sentimento tra i britannici e i russi sia ostile da generazioni. Speriamo non siano state installate cimici per rilevare situazioni che potrebbero rendere il futuro re inglese ricattabile.

Dimitri

All'inizio della serata, durante la parte informale, ho incontrato un interessante uomo di mezza età: Dimitri. È originario dell'Ucraina e i suoi genitori sono finiti in Inghilterra perché hanno cooperato con Stepan Bandera. Questo nome genera tutt'oggi delle controversie. Una parte dell'Ucraina occidentale lo considera ancora un eroe nazionale, altri lo vedono come un traditore.

Bandera

Confesso di non aver mai sentito parlare di lui. Era un fervente ammiratore dell'indipendenza dell'Ucraina. Per la precisione, non era contro i russi, bensì solo contro lo stalinismo dei bolscevichi. L'Ucraina è il Paese più fertile, era il granaio d'Europa. Questi fertili terreni loess, in Germania possono essere trovati solo nel Magdeburg Börde.

L'espropriazione dei campi ai contadini benestanti, i kulaki, per farne dei kolchoz, incontrò un'accanita resistenza in Ucraina, il che non è difficile da comprendere.

Holodomor

Dato che i commissari di Stalin non riuscirono a spezzare la resistenza dei contadini alla sua socializzazione, Stalin fece giustiziare centinaia di migliaia di kulaki. I campi un tempo ben curati, non potevano più essere coltivati. Stalin aveva fatto requisire le riserve di grano ancora immagazzinate, creando così una carestia artificiale. Nel Paese con l'agricoltura più ricca d'Europa morirono di fame 14 milioni di persone. Era il 1930 e passò alla storia come Sterminio dei kulaki o Holodomor che significa morte per fame. Ci sono perfino riferimenti a episodi di cannibalismo.

Nelly

A proposito di quest'orrenda realtà vorrei anche raccontare un'esperienza personale. Una russo-tedesca, la quale visse questa tragedia a 12 anni, me ne parlò negli anni '80. Arrivò come rifugiata nella nostra città e mi riferì come visse questa tragedia da bambina, come le persone tagliavano i cadaveri ancora caldi e come ne tiravano fuori fegato e cuore per poi cibarsene. Era per lei un ricordo talmente tragico che mi confermò di non essere riuscita a riferirlo a nessuno prima di me.

Commissari

I delegati di Stalin, i quali uccisero i kulaki e fecero portare via il grano, erano i cosiddetti commissari, funzionari superiori di partito. Poiché la maggior parte di loro era ebrea, la gente comune non distingueva più tra comunisti ed ebrei. La gente comune non faceva più distinzione. L'odio contro i rivoluzionari della lotta di classe o contro gli ebrei era lo stesso.

Collaborazione

Giacché Hitler combatteva sia il comunismo sia gli ebrei, molte persone in Ucraina si sentirono solidali con lui. Dopo i primi successi bellici dei tedeschi in Polonia, Bandera si recò a Cracovia per offrire a Hitler i suoi servizi. Voleva combattere Stalin insieme a lui.
Tuttavia, gli obiettivi di Bandera e Hitler erano molto divergenti. Hitler, nella fertile Ucraina, voleva conquistare *Lebensraum* per i tedeschi. Ovviamente, Bandera non poteva trovarsi d'accordo. L'amichevole accoglienza delle truppe tedesche in Ucraina, le ragazze che portavano corone di fiori tra i capelli e gli adulti che lavoravano insieme ai tedeschi immediatamente e senza riserve persero presto il gioco e non furono trasformati in una proficua collaborazione.
Bandera fu imprigionato nel campo di concentramento di Sachsenhausen, seppure come ospite privilegiato. Aveva un appartamento di 2 stanze con una biblioteca, un tappeto persiano e altre comodità.

Massacro

Alla fine della guerra, Bandera fu condannato a morte da Stalin, benché il suo coinvolgimento nei massacri perpetrati dagli ucraini contro i commissari non fosse stato inconfutabilmente provato. Tutti gli uomini di Bandera furono giustiziati. Lui stesso riuscì a salvarsi solo sotto falso nome in Germania, dove visse per molti anni in incognito, finché i servizi segreti stalinisti lo rintracciarono e lo uccisero di fronte alla sua abitazione a Monaco di Baviera. Lo stesso Dimitri tenne una conferenza su questi eventi per un'intera serata, nella quale si basò sul libro di Nikolai Tolstoy: "Victims of Jalta", tradotto in italiano "Le vittime di Jalta".

Nikolai Tolstoy

È un lontano parente del celebre Lev Tolstoj. Nel libro sopramenzionato ha messo per iscritto le sue ricerche sull'operazione Keelhaul. Solschenizyn vi ha fatto riferimento nel suo Arcipelago Gulag e ha reso noto a un vasto pubblico questo mostruoso crimine di guerra degli Alleati, per il quale sono responsabili Churchill e Roosevelt. Più di 2 milioni di russi che vivevano in Occidente vennero consegnati a Stalin e giustiziati. Tra questi c'erano anche i russi che erano fuggiti in Occidente dopo la Prima guerra mondiale. I genitori di Nikolai Tolstoy appartenevano a questa categoria.

La tragedia dei cosacchi di Lienz

Anche in questo caso, questo fatto storico mi giungeva nuovo e ne sentì parlare per la prima volta da Dimitri, così come per il massacro di Bleiburg. Tuttavia, questi eventi dovrebbero essere conosciuti, perché si ripercuotono tuttora nella politica. La resistenza dei Tatari di Crimea all'annessione di Putin e la disputa tra croati e serbi nella guerra del Kosovo affondano le loro radici in questi terribili eventi del dopoguerra.

Cosacchi della Crimea

Dimitri mi ha anche raccontato di un amico, un cosacco della Crimea, il quale non era però presente alla serata. Suo padre era riuscito a fuggire a Lienz, in Austria, dove gli inglesi avevano riunito i cosacchi per poi consegnarli a Stalin. Solo 500 cosacchi ebbero questa fortuna. Solo questi sopravvissero. Gli altri furono tutti uccisi. I cosacchi della

Crimea erano dalla parte della Germania e combatterono contro il bolscevismo, cosa che, per Stalin, giustificò lo sterminio di questo gruppo etnico.

Cimitero cosacco

Ancora oggi è possibile fare visita al cimitero di Lienz, nel Tirolo Orientale. È stato restaurato e vuole essere un ricordo di questa tragedia. Le centinaia di morti che sono qui sepolti, si lanciarono dal ponte nella Drava. Preferirono suicidarsi, piuttosto che consegnarsi a Stalin. "Non è esattamente il nostro momento più glorioso", "Not exactly our finest hour", affermò Atlee, il 1° primo ministro dopo la Seconda guerra mondiale. E così la faccenda era a suo avviso conclusa.

La Crimea oggi

Dopo l'annessione della Crimea a opera di Putin, ci sono ancora dubbi da parte dei Tatari di Crimea, i quali combatterono per i tedeschi nella Seconda guerra mondiale e furono per questo giustiziati da Stalin. Tuttavia, si trascura il fatto che la Russia di Putin, il quale rifiuta totalmente lo stalinismo, rappresenta una situazione completamente cambiata. Oggi l'Occidente accarezza i cosacchi, in quanto potrebbero essere sfruttati come arma contro l'annessione della Crimea di Putin. Del fatto che lo stesso Occidente ne abbia mandato centinaia di migliaia a morte nel 1946, oggi nessuno vuole più saperne.

La conferenza di Wladimir (6.14)

Dovemmo interrompere la nostra conversazione privata. Infatti, stava iniziando la lezione di Wladimir. Tutti lo conoscevano e si sapeva che la conferenza non andava subita in modo passivo, anzi il suo discorso poteva venire interrotto in qualsiasi momento con una domanda, e che un dibattito avrebbe potuto far andare il tutto in una direzione completamente diversa. Cominciò: "Com'è noto, Hitler attaccò l'Unione Sovietica il 22/06/1941 senza preavvertimento e senza dichiarare guerra. Successe alle 03:00 di notte. Il lato russo dormiva. Quando i soldati desti si infilarono i pantaloni e si accorsero dell'accaduto, i carri armati di Hitler si erano già spinti molto oltre la linea di demarcazione".

Preavvertimento

Ci furono molti preavvertimenti. La miglior spia, Dr. Sorge, era un tedesco che aveva accesso a informazioni del più alto livello di sicurezza a Tokyo, era a conoscenza perfino della data esatta: 22/06. Ma Stalin non gli credette.

Stalin è convinto

Era così convinto che Hitler non avrebbe attaccato da gettare anche gli avvertimenti di Churchill al vento. Dopo il volo fallito e la cattura del vice del Führer, Rudolf Hess, Churchill diffuse pubblicamente la voce secondo cui Hitler avrebbe cercato un accordo di tregua con l'Inghilterra, per poter colpire la Russia. Ciò venne comunicato anche a Stalin per vie diplomatiche.

Stalin è più intelligente

Stalin, tuttavia, sapeva che Churchill insistette a lungo per porre fine al patto di non aggressione con la Germania, perché aveva urgente bisogno di aiuto finché il suo complice Roosevelt non era in grado intervenire nella guerra, poiché il popolo americano rimaneva contrario a una guerra contro la Germania.

Domanda interposta

A questo punto dell'intervento di Wladimir, Dimitri intervenne con una domanda. Si rivolse a Wladimir per nome, com'è consuetudine in questi circoli, e gli chiese: "In che rapporto vedi l'attacco di Hitler con la fuga del suo vice, Rudolf Hess?"

Alternative

Sono possibili le seguenti combinazioni:
Hitler voleva la pace con l'Inghilterra, prima di procedere all'attacco della Russia, per evitare una guerra su due fronti.
Voleva impedire a Stalin di attaccare nel momento in cui non ci sarebbe più stato un secondo fronte.
Però la missione di pace di Hess fallì. Ebbene, perché attaccò comunque?

Rapporto di forze

Wladimir ci aveva già riflettuto e aveva tratto le seguenti conclusioni. Stalin aveva 6 milioni di soldati, 11.000 carri armati e 10.000 aerei a disposizione. Aveva posizionato tutta la sua armata sulla linea di demarcazione. Era nella posizione perfetta per poter colpire in qualsiasi momento, come no.

Trattative

Allorché il patto Hitler-Stalin fu concluso, era chiaro fin dal principio che nessuna delle due parti si sarebbe impegnata a lungo per rispettarlo. La conclusione di questo patto fu una grande sorpresa, poiché tutto il mondo sapeva che Hitler era il nemico dichiarato di Stalin e che Stalin non aveva abbandonato l'obiettivo del comunismo internazionale, vale a dire: sapeva che la rivoluzione mondiale del proletariato sarebbe stata completata solo quando la bandiera del comunismo avesse sventolato a Berlino, nel Paese industrialmente più avanzato.

Churchill l'ostetrico

Dalle esperienze della Prima guerra mondiale, Hitler aveva una paura tremenda di una guerra su due fronti. Era il trauma della sua vita e anche di quella del popolo tedesco. Combattere contemporaneamente contro la Russia a est e contro Francia e Inghilterra a ovest, e per di più contro gli USA, non poteva immaginarsi di peggio. Quindi, osò entrare in guerra contro la Polonia, solo dopo essersi accertato che la Russia non sarebbe intervenuta. Il patto con la Russia era il presupposto. Fu una grande sorpresa per tutti, ma non per Churchill. Aveva convinto Stalin a concludere questo trattato affinché Hitler sparasse il primo colpo della Seconda guerra mondiale. Non appena fosse accaduto, Hitler sarebbe stato in trappola. L'Inghilterra continuava a essere sua nemica e la Russia avrebbe potuto porre fine al trattato di non aggressione in qualsiasi momento. A ogni modo, l'inizio della guerra era assicurato, come l'attentato di Sarajevo.

Piani futuri

Subito dopo la conclusione del patto Hitler-Stalin, la Russia occupò l'Estonia, la Lettonia e la Lituania senza combattere. In aggiunta, anche parti della Bucovina, non prevista nel trattato e diede inizio alla guerra d'inverno in Finlandia. Inoltre, occupò anche gli importanti giacimenti petroliferi dell'Azerbaigian. Churchill e Roosevelt avevano promesso a Stalin che Roosevelt gli avrebbe consegnato gli armamenti gratuitamente. Per farlo, il porto di Murmansk doveva essere libero dal ghiaccio. Per questo motivo era necessaria la conquista della Carelia in Finlandia. L'occupazione dell'Azerbaigian avrebbe dovuto creare il collegamento attraverso l'Iran, dove americani e inglesi volevano fornire armi ai russi, passando per il Mar Caspio e il Volga. Queste conquiste militari dimostrano che Stalin stipulò il patto con Hitler solo per creare dei migliori presupposti per la guerra. Si può notare che i preparativi intensivi per la guerra contro la Germania iniziarono dopo la conclusione di questo trattato.

Molotov

Era il ministro degli esteri più importante di Stalin. Dal settembre 1930 al 1941. Dopo che il patto aveva funzionato per 2 anni, le richieste di Stalin crebbero sempre di più. Churchill lo incoraggiò in questo. Molotov si presentò a Berlino e pretese il consenso di Hitler per le conquiste di Stalin in Bulgaria, Grecia e Turchia. La Turchia era neutrale e aveva un'armata ben equipaggiata di 650.000 uomini. Ma per Stalin il Bosforo e i Dardanelli erano di grande importanza perché la sua flotta era bloccata nel Mar Nero finché questi stretti bloccavano l'accesso al Mediterraneo.
La Turchia era sì neutrale ma filogermanica e Hitler non voleva assolutamente metterla a rischio. Soprattutto perché diventava sempre più chiara la direzione in cui si stava andando. Hitler si rese conto che una guerra era inevitabile. Non rispose mai alle richieste di Molotov. I primi piani della guerra, tuttavia, dovevano essere avviati. Il peggio era accaduto: la guerra su due fronti. A est e ovest.

Atto disperato

Che la Russia fosse pronta all'attacco, era chiaro. Il volo di Hess fu un audace tentativo di porre fine al sostegno di Stalin da parte delle potenze occidentali, attraverso l'esautorazione di Churchill. Ma poiché questa missione di pace fallì, lo scontro con la Russia divenne inevitabile. Per non dare a Stalin il vantaggio di poter fissare la data dell'attacco, Hitler rischiò l'attacco a sorpresa. Hitler confermò che questo attacco gli costò molte notti di sonno e che ebbe dolori lancinanti allo stomaco. Il fatto che solo dopo aver deciso per il 22/06 alle ore 03:00 di notte, poté tornare a una vita normale, dimostra che questa decisione non fu affatto presa in modo volontario.

L'opinione pubblica

L'inizio della guerra contro la Russia causò grande malcontento tra la popolazione tedesca. Seguirono le prime critiche in ampie fasce della popolazione. Si credeva che Hitler avesse iniziato questa guerra per mero desiderio bellico. Praticamente nessuno sapeva si trattasse di un puro atto di disperazione.

Esito della sorpresa

L'inizio dell'attacco sembrava dare ragione a Hitler. In pochi giorni, vennero catturati 5 dei 6 milioni di soldati di Stalin. Dei suoi 11.000 carri armati, più di 5.000 vennero distrutti, così come 2.000 aerei. I giovanotti che caddero in prigionia non avevano alcuna motivazione per combattere per il comunismo. Erano transfughi, come aveva temuto Stalin, i quali, sulla base dell'esperienza personale, non trovavano alcuna ragione per combattere per un regime di questo tipo. I loro padri, in quanto proprietari terrieri, furono uccisi, le loro fattorie espropriate.

Propaganda

Per il cinegiornale nei cinema tedeschi, i fotografi vennero mandati al fronte per fotografare gli esseri inferiori slavi. La differenza rispetto alla razza superiore germanica doveva essere visibile a tutti. I futuri proprietari della fertile terra d'Oriente dovevano essere riconosciuti come più dignitosi paragonati a questi subumani. I fotografi scelsero tra i 5 milioni di prigionieri una dozzina di volti, quelli con i lineamenti repellenti, con orecchie sporgenti, con nasi adunchi, una fisionomia ebrea negativa secondo il cliché dello Stürmer, un libro che incita all'odio.

Himmler

Dopo la cattura di Hess, divenne il ministro più importante di Hitler dopo Goehring. Andò anche al fronte e si fece un'idea dei prigionieri. Purtroppo non era nei suoi poteri, pertanto non poteva intervenire. Era entusiasta quando vide questi giovanotti, i quali, a suo avviso, non avevano nulla a che fare con l'ideologia marxista ed erano giovani contadini abili e bonari.

Decisione sbagliata

Ma con 5 milioni di prigionieri, i tedeschi erano oberati. Invece di accogliere questi ragazzi e mostrare loro un'alternativa al bolscevismo, li rinchiusero nei campi di prigionia e di lavoro forzato. A causa della mancanza di cibo per la propria popolazione, non vennero nutriti a sufficienza. Molti perirono.

"Il padre di un assassino"

Himmler è considerato il principale colpevole della "Soluzione finale della questione ebraica". Nella scala dei criminali, si posiziona subito dopo Hitler, davanti a Eichmann e Höss. Alfred Andersch, uno scrittore ebreo, aveva preso lezioni dal padre di Himmler per un anno intero. Il padre era il rettore di un liceo ed era anche insegnante di greco antico e storia. Nel romanzo di Alfred Andersch "Il padre di un assassino", si possono apprendere molti dettagli interessanti su quest'uomo. Gli Himmler provenivano da una vecchia famiglia di patrizi di Basilea. Ma per Andersch solo una cosa è importante: egli era il padre del pluriomicida Himmler. Qualunque cosa dica il filologo classico su Socrate o sulla storia greca; o in qualsiasi modo egli si confronti con un allievo ostinato, vale sempre e solo una cosa: "Tu sei il padre di un autore di massacri".

Call me John (6.15)

A questo punto dell'esposizione di Wladimir si fece avanti uno che aveva iniziato da poco a partecipare a queste serate di discussione. Si presentò dicendo "Call me John". Houston, il quale partecipava abitualmente a queste serate, a ogni modo lo conosceva già. Houston mi avrebbe dato qualche indicazione personale su di lui più tardi. John concordava con le osservazioni di Wladimir. Anche secondo lui era indiscutibile che Hitler non avrebbe assolutamente voluto una guerra in quel momento. Né contro i sovietici né tantomeno contro gli inglesi. Corteggiò gli inglesi fin dall'inizio affinché diventassero suoi alleati. Non avrebbe voluto nemmeno un conflitto contro i polacchi. Voleva un trattato e una soluzione pacifica, mentre i polacchi volevano annettere al loro territorio nazionale la città di Danzica, la quale era al 98% tedesca. Dal punto di vista di John, Churchill mandò all'aria la soluzione pacifica su ordine degli Stati Uniti.

Halifax

Continuò. All'epoca, Halifax era il ministro degli esteri inglese e fu proposto come successore di Chamberlain quando questo si dimise. Era considerato da tutti il politico inglese più capace.

Ricordo che Hitler aveva riposto grande speranza in questo ministro degli esteri per i colloqui di pace. Mentre John andava avanti, realizzai perché non se ne concluse nulla. Halifax rifiutò l'offerta di diventare Prime Minister. Non voleva combattere per una pace, la quale sarebbe stata sicuramente mandata all'aria dagli strapotenti USA. Non voleva combattere invano, bensì godersi la sua vita. Perciò si offrì per la carica di ambasciatore a Washington, dove avrebbe potuto dedicarsi alla sua passione per la caccia, persino meglio che in Inghilterra, dove terminava il suo lavoro in parlamento il venerdì e andava a caccia. Si presentò nella sua nuova posizione di ambasciatore a Washington, riferendo, tra gli applausi dei senatori e dei membri del Congresso, quello che considerava il più grande successo della diplomazia inglese: "Abbiamo costretto Hitler alla guerra".

Lloyd George

Questa dichiarazione di John era una novità per tutti. Nessuno ne era a conoscenza e fu per tutti abbastanza sorprendente. Ebbene John riuscì a sorprenderci nuovamente. Il successore di Chamberlain, dopo il rifiuto di Halifax, doveva essere Lloyd George. Era già stato Prime Minister una volta, per la precisione alla fine della Prima guerra mondiale. Godeva di grande stima. Anch'esso era a favore della pace con la Germania. Tuttavia, Churchill riuscì a mandare all'aria tutto, diffondendo la voce che questo politico benemerito, benché avesse solo 70 anni, soffriva di una precoce e grave demenza ed era quindi fuori gioco.

Berghof

Nel 1936, Lloyd George aveva accettato un invito del Führer al Berghof sulle montagne di Berchtesgaden. Hitler sfruttò tutto il suo charme – e molti testimoniano che aveva veramente questa capacità – per fare una buona impressione. Consegnò a Lloyd George un ritratto con la nota: "Al vincitore della 1° guerra mondiale". Con questo gesto cavalleresco, voleva dimostrare all'allora potente che la Germania riconosceva la vittoria degli inglesi nella Prima guerra mondiale. Il fascino di Hitler colpì. Lloyd George pubblicò sul Times, il quotidiano più popolare del Paese, un articolo a tutta pagina riguardo la sua visita a Hitler, elogiandolo notevolmente per le sue politiche. Diceva perfino: "Ho incontrato il più grande tedesco vivente (Greatest living German)". Era un'immagine di Hitler ben lontana dalla demonizzazione della parte avversa.

Fondamentalmente nessuna trattativa

La posizione di Churchill e degli americani, secondo cui con Hitler fondamentalmente non si doveva trattare, con Lloyd George non sarebbe stata per forza mantenuta. L'ultimo film propagandistico per la glorificazione di Churchill "His darkest hours" esprime il concetto così: "Non puoi trattare con un predatore finché la tua testa è nella sua gola".

Senza alternativa

Alla fine occorse che Churchill a causa della sua eclatante incapacità a Narvik fu dimesso dalla carica di grande ammiraglio e Chamberlain, il quale si prese la responsabilità dell'accaduto, si dimise e la posizione più importante come supremo signore della guerra con poteri dittatoriali venne affidata proprio a questo grande fallito. Non fu nominato dal popolo. Tale nomina avvenne senza elezioni. Per 10 anni, dopo la débâcle, nessuno aveva più osato affidargli un mandato come ministro delle finanze.

Le origini di John

Le osservazioni di John erano state tanto eccitanti da esigere una pausa in cui si discusse animatamente. Non sedevamo a tavoli comuni, bensì in grandi o piccoli gruppi a tavoli separati, a seconda del grado di conoscenza personale. La cosa che si voleva sapere era anche: ma insomma chi è questo John? Era noto che fosse americano e che viveva da tempo a Londra. Houston sapeva perfino che probabilmente era professionalmente impegnato in politica. Inoltre, John conosceva così tanti particolari da lasciar pensare che avesse preparato il suo intervento. Questa impressione venne confermata dalle sue esposizioni in seguito alla pausa.

La conferenza di John (6.16)

John riferì la motivazione per cui Hitler in quel momento non voleva in nessun caso un conflitto bellico. Il suo era un partito relativo alla visione del mondo, il quale voleva convincere le persone come controproposta al comunismo. Tuttavia, per raggiungere questo obiettivo doveva prima dimostrare il suo successo.

Insediamenti

Dopo la Prima guerra mondiale, la situazione dei lavoratori nei Paesi vincitori era estremamente precaria. Paga oraria e orario di lavoro erano argomenti molto discussi e gli scioperi erano all'ordine del giorno. Hitler voleva assicurarsi che anche la famiglia di un lavoratore semplice potesse avere una casa propria, con un giardino in cui coltivare ortaggi, frutta e insalata autonomamente. Quindi, i terreni nelle zone rurali avrebbero dovuto raggiungere minimo 10 are per casa. In questo modo anche le famiglie con più figli avrebbero ricevuto un sostegno durevole. Questi insediamenti esistono ancora oggi e sono per lo più abitati dagli eredi degli acquirenti originari.

Nelle grandi città, dove non c'era così tanto spazio a disposizione, fece costruire lunghe file di case. La parte anteriore rivolta verso la strada, la posteriore libera per gli spazi verdi. La fila di case parallela era simmetrica, cosicché la parte posteriore di questa confinasse con le aree verdi dell'altra fila e fosse priva di auto, offrisse ai bambini la possibilità di giocare e permettesse agli adulti di incontrarsi all'aperto, sotto gli alberi. Oggi, questi insediamenti vengono ancora utilizzati con piena soddisfazione.

Kraft durch Freude – Forza attraverso la gioia

Hitler voleva permettere anche alla gente comune di godere del piacere di viaggiare all'estero. All'epoca, un viaggio in Italia era riservato solo ai ricchi. Costruì una grande nave con cabine letto, la quale viaggiava principalmente nel Mediterraneo. In essa, anche coloro che guadagnavano mediamente, avrebbero avuto la possibilità di passare a mezzanotte accanto allo Stromboli in eruzione, di scalare l'Etna, di visitare Napoli, Roma e Firenze. Un'esperienza indimenticabile a quei tempi. La nave avrebbe dovuto chiamarsi Adolf Hitler.

Gustloff

Tuttavia, questo nome fu sostituito dal nome del cittadino svizzero assassinato dallo studente ebreo David Frankfurter, costui voleva fondare un partito nazionalsocialista nella

Svizzera tedesca. Negli ultimi giorni della guerra, questa nave partì dal mar Baltico per portare in salvo in Danimarca 10.000 feriti, profughi della Prussia orientale, donne e bambini. Venne affondata da una nave da guerra russa. In pratica non ci furono sopravvissuti. Questo affondamento viene per questo ricordato come la più grave catastrofe navale della storia.

VW

Al tempo, un'auto era ancora considerata uno status symbol. È sorprendente che Hitler volesse dare la possibilità anche al lavoratore semplice di possedere una macchina, una Volkswagen. La realizzazione di quest'opera presenta altre due particolarità. Una fabbrica di automobili deve effettuare prestazioni anticipate. Deve comprare i singoli pezzi per le auto, pagare i lavoratori. Di regola, a tal fine è necessario accendere un credito. Di conseguenza, il costo di un'automobile consisteva in un quarto per il materiale, un quarto per i salari e il restante 50% per gli interessi del debito. L'affare migliore era delle banche. Ma l'innovazione a questo punto fu che un lavoratore faceva un acconto mensile, prima di poter acquistare un'auto. Avrebbe ricevuto l'auto, solo quando questa sarebbe stata completamente ripagata. La seconda innovazione fu: quando egli avrebbe pagato l'auto e questa gli sarebbe stata consegnata, non avrebbe più avuto debiti. Quindi, non avrebbe dovuto pagare interessi debitori a una banca, cosa che ancora oggi causa delle difficoltà. Tuttavia, così le banche non facevano affari.

Ford

Il grande produttore di automobili, Henry Ford, negli USA, trovò questa regolamentazione eccezionale. Non fece mistero della sua ammirazione per Hitler. Mostrò molta simpatia per le regolamentazioni di Hitler anche sotto altri aspetti. Molti gruppi negli Stati Uniti se la presero con lui per questo.

Prora

Un ulteriore importante progetto doveva essere sviluppato sull'isola di Rügen. Un progetto a scopo ricreativo per le famiglie con molti figli. Pagare un albergo, era un costo insostenibile per i normali lavoratori, in particolare se avevano più figli. Per questo Hitler commissionò la costruzione di un luogo di villeggiatura, in cui potevano essere affittati appartamenti vacanze. Un complesso colossale, lungo 5 km e alto 4 piani, si stringeva a una delle più belle baie sabbiose dell'isola. 20 mila persone potevano trascorrere le vacanze insieme. Proiettato su una stagione, quindi quasi 1 milione. Il lato anteriore si affacciava direttamente sulla spiaggia sabbiosa e sul mare. Il retro confinava con una foresta di abeti rossi. Vi erano anche degli spazi a utilizzo comune a determinate distanze. In linea di principio, non si doveva nemmeno cucinare, bensì vi erano delle trattorie a disposizione. Una famiglia con i bambini doveva essere in grado di riposarsi nel migliore dei modi, all'aria aperta con passeggiate sulla spiaggia, giochi con la palla, nuoto e vela. Tuttavia, questo progetto venne interrotto dallo scoppio della Seconda guerra mondiale. Solo la costruzione grezza era stata completata.

Blocco dell'edilizia

Recentemente, un investitore contemporaneo voleva completare almeno una sezione dell'imponente edificio. L'interesse era molto alto. Gli appartamenti per le vacanze dovevano essere poi venduti come appartamenti di proprietà, progetto che fu un totale successo. Però la costruzione venne interrotta. Le banche non erano più autorizzate a concedere gli ultimi crediti per l'ultimazione dei lavori. Si temeva che qualcuno potesse considerare utile questo progetto di Hitler. Ufficialmente, questo edificio "mostruoso" è considerato un esempio paradigmatico di "architettura dei malvagi". Così la definisce il celebre architetto Libeskind, il quale ha ideato i nuovi progetti per il World Trade Tower a New York e ha progettato il Museo Ebraico di Berlino.

Autostrada

Com'è noto, è stato Hitler ad avviare la costruzione dell'autostrada tedesca. Anche questo è un problema per alcuni contemporanei. La popolare presentatrice della TV tedesca, Eva Herrman, a questo proposito, ha fatto un'enorme gaffe. Ebbene, tutti usiamo l'autostrada. Non è nemmeno vietato. Ma lei ha detto: sappiamo che è stata costruita da Hitler, eppure la usiamo tuttora. Questo era troppo. Ha dovuto lasciare lo studio durante la diretta. Per di più ha perso il suo impiego da presentatrice. La sua querela contro il licenziamento è stata respinta dal tribunale. In una posizione pubblica, tale dichiarazione è inaccettabile.

Gioventù hitleriana

A partire dai 10 anni, un ragazzo doveva unirsi alla Jungvolk, l'organizzazione giovanile hitleriana, una ragazza alla Bund Deutscher Mädel (BDM), la lega delle ragazze tedesche. Il programma prevedeva allenamento atletico, escursioni in bicicletta con pernottamento in tenda e falò ed era nell'interesse dei Pimpf, i membri della Jungvolk, assolutamente appropriato e molto amato. I giovani di oggi sono spesso annoiati e difficilmente riescono a trascorrere il loro tempo in modo sensato. Discoteca, Ballermann e coma etilico non sono per forza un'alternativa desiderabile.

Un modello per gli altri Paesi

Tutti questi progetti non dovevano essere solo un arricchimento per i tedeschi, bensì anche un modello per gli altri Paesi. In quasi tutte le nazioni europee si formarono partiti che imitavano l'innovazione di Hitler:
In Italia: i fascisti, 1919. In Germania: i nazionalsocialisti, 1920.
In Romania: la Guardia di Ferro, 1927. In Croazia: gli Utascia, 1929.
In Spagna: i falangisti, 1933. In Ungheria: le Croci Frecciate, 1935.
Perfino in Israele fu fondato un partito nazionalsocialista.
Negli Stati Uniti, nel 1933, si formò l'associazione "Friends of New Germany in Chicago".

Interruzione

Tuttavia, tutti questi progetti, i quali avrebbero dovuto dimostrare al mondo che una politica a vantaggio dei cittadini è possibile, dovettero essere repentinamente interrotti, poiché la guerra imposta sequestrò l'intera forza lavoro dell'economia politica. Hitler non poté dimostrare al mondo che il nazionalsocialismo era la miglior alternativa al comunismo, in cui il popolo era oppresso, e che in ogni Paese, in cui regnava l'economia pianificata comunista, si sarebbe arrivati senza eccezioni a una situazione economica di grave carestia.

Intenzione degli sforzi di pace

Quando Hess voleva forzare la pace con l'aiuto dei "putchisti" inglesi, di certo non era per attaccare la Russia, bensì per impedire a Stalin di marciare su Berlino con la sua Armata Rossa, non appena avesse perso l'appoggio di Gran Bretagna

e Stati Uniti, e quando la promessa degli Alleati di costruire un secondo fronte in Occidente per alleggerire le sue truppe russe perse di validità.
John, così, concluse il suo racconto e Wladimir proseguì con il suo intervento.

La conferenza di Wladimir, continuazione (6.17)

Con queste osservazioni, John, hai interposto una tesi che approvo totalmente, vale a dire che la pace con l'Inghilterra doveva essere forzata affinché Stalin non attaccasse. Stalin ha sfruttato il biennale trattato di non aggressione per potenziare gli armamenti. E attraverso Vladivostok, Roosevelt gli ha fornito gli armamenti. 10.000 carri e armati e 10.000 aerei ne sono la prova. Dopo il fallimento della missione di Hess, l'attacco di Hitler non poteva che essere un atto di disperazione. Vide la sua unica possibilità nella sorpresa. Ed effettivamente gli riuscì.

Successi iniziali

Questi impensabili successi iniziali, tuttavia, non portarono alla conclusione immediata della guerra, come ipotizzato da Hitler. A questo punto comparse l'infinita vastità della quasi deserta Russia. I soldati di Hitler dovevano percorrere migliaia di chilometri a piedi, poiché non c'erano strade per le lunghe distanze. Per di più, iniziò l'inverno. Visto che un'invasione di questa portata non era stata prevista, non si pensò nemmeno all'equipaggiamento invernale per i soldati. Nonostante un freddo record di meno 40 gradi, record che non si era visto dalla campagna di Russia napoleonica, e i gravi assideramenti dei soldati di fanteria, le truppe tedesche riuscirono ad arrivare alle porte di San Pietroburgo, Mosca e Stalingrado.

Queste tre grandi città vennero circondate. A Stalingrado fu conquistato perfino il territorio della città. A San Pietroburgo, tuttavia, non ci fu un'invasione. Non era nemmeno previsto. Hitler non voleva distruggere con atti bellici questa meravigliosa città dagli eccezionali tesori artistici, il Museo dell'Ermitage, la Cattedrale di Sant'Isacco. Inoltre, durante la conquista, ci sarebbe stato il problema di nutrire la popolazione della megalopoli. Quindi, Hitler credeva che a questo punto Stalin avrebbe avviato i negoziati di pace. Stalin, invece, preferì lasciar morire di fame un milione di persone piuttosto che iniziare le trattative di pace.

Partigiani

Il rifiuto di Stalin di iniziare i negoziati di pace, diede origine a un nuovo problema. 400.000 uomini, nativi e pratici del luogo, tra cui molti ebrei, si ritirarono all'avanzata delle truppe tedesche ma si nascosero nella zona densamente boscosa. Gli americani rifornivano questi partigiani con armi e cibo per via aerea. Questi colpivano di notte. Interrompevano le linee di rifornimento al fronte. Assalivano i soldati alle spalle e li uccidevano. In seguito si è scoperto che tra le loro vittime ci furono più collaboratori russi che tedeschi. Il danno che causarono fu enorme, poiché i combattenti della primissima linea rimasero senza munizioni e cibo.

Hitler radicale

La reazione di Hitler a questa sfida fu: tanto meglio, ora sappiamo che i partigiani sostanzialmente sono ebrei. Ora non dobbiamo indagare a lungo su chi fa gli attacchi, ma in linea di principio uccidiamo gli ebrei nascosti nella foresta. Quello fu l'inizio dell'Olocausto.

Strategia

Le potenze occidentali, USA e Inghilterra, non avevano previsto la vittoria di Stalin come meta finale, bensì volevano che il maggior numero possibile di tedeschi e il maggior numero possibile di russi si uccidessero a vicenda, affinché entrambi i fattori di potere fossero eliminati, e come terzi tra i due litiganti godere della vittoria riportata. Il loro principio era quello di sostenere i più deboli. Inizialmente era Stalin.

Dr. Sorge

La speranza di Hitler che il Giappone vincolasse le forze armate russe a Vladivostok, affinché la fornitura di armamenti da lì fosse stata interrotta, venne delusa. Il Giappone non dichiarò guerra alla Russia. Il dottor Sorge, la miglior spia di Stalin, il quale lavorava nell'ambasciata tedesca di Tokyo e aveva accesso a tutti i dati segreti, riferì a Stalin che il Giappone non sarebbe entrato in guerra. Così le armate del posto poterono essere trasferite a Mosca. Questo impedì alle truppe tedesche di accerchiare la città, cosa che invece gli era riuscita a San Pietroburgo. Se la sacca della capitale avesse avuto successo, Stalin avrebbe dovuto capitolare, nel bene o nel male.

Stalingrado

La città sul Volga, dove erano già caduti un milione di soldati russi e dove anche la maggior parte dei 600.000 abitanti, i quali non erano riusciti a fuggire dalla città, persero la vita, ricevette rifornimenti direttamente da Teheran. Attraverso l'Azerbaigian, il mar Caspio e il Volga, gli americani rifornivano i russi con armamenti freschi, vestiti, cibo, ... I tedeschi ridotti alla fame, in gran parte senza munizioni, non avevano più nulla per opporsi.

Generale Paulus

La situazione era disperata. Tuttavia, Hitler riteneva che un generale tedesco fondamentalmente non è autorizzato a capitolare. Promosse il generale Paulus a feldmaresciallo, il che implicava che avrebbe dovuto suicidarsi. Paulus, tuttavia, cadde prigioniero con centomila soldati. Di questi, solo seimila sopravvissero. Egli stesso sopravvisse e, durante il processo di Norimberga, fu guardato con disprezzo dai massimi esponenti del nazionalsocialismo. Quando cadde prigioniero, fu importante per lui che venisse catturato come civile, poiché lui e i suoi soldati non avevano più munizioni. Parte della sua armata continuò a combattere a nord della città. Avevano ancora qualche colpo. Il fatto che un generale tedesco si fosse arreso, aveva un significato simbolico enorme. Fu la prima vittoria russa. E fu anche il punto di svolta della guerra in generale.

Aiuti militari

Roosevelt impiegò almeno quattrocentomila autocarri per salvare Stalingrado. Su questi vennero installati i famigerati lanciarazzi "organo di Stalin", i quali sarebbero stati inutili senza una base mobile. Contro questo contingente, i tedeschi non poterono più nulla.

Tattica

La tattica delle potenze occidentali consisteva nel lasciare che i russi e i tedeschi si uccidessero a vicenda, possibilmente in grandi quantità. Affinché il tributo di vittime fosse più alto possibile, i più deboli dovevano essere sostenuti, in modo da non far concludere la lotta troppo rapidamente. Fino alla battaglia di Stalingrado, il più debole era chiaramente il russo.

Joel Brand

La scarsezza di materiale dei tedeschi assunse forme sempre più drammatiche. Siccome il ferro per la costruzione dei cannoni non era più disponibile, si dovettero staccare e fondere perfino le campane delle chiese al fine di ottenere materiale per gli armamenti. Nella disperazione, i tedeschi proposero un accordo. In cambio di 10.000 autocarri avrebbero consegnato agli Alleati 1 milione di ebrei, quindi 100 ebrei per autocarro, i quali sarebbero altrimenti andati a finire nei campi di sterminio. Joel Brand era l'intermediario e, in quanto ebreo, totalmente affidabile. La trattativa si svolse a Istanbul, un luogo neutrale. Churchill era l'interlocutore responsabile. Rifiutò l'accordo. La domanda che sorge è: pensava fosse troppo rischioso dare a Hitler così tanti autocarri? Oppure erano gli ebrei, giacché erano poveri ebrei dell'est, a non valere la pena di essere salvati? Si dice che Rotschild abbia detto: "No schnorrers in Jerusalem" (Nessun shnorrer a Gerusalemme).

Lo Scià di Persia

Il padre di Reza Pahlevi, noto a noi tutti, era un sostenitore di Hitler. Era orgoglioso che la sua nazione appartenesse alla famiglia indogermanica. Sostituì la denominazione Persia con l'attuale nome comune Iran, che significa ariano. Aveva convocato 500 tedeschi nel Paese in qualità di esperti e voleva che le ricche fonti di petrolio venissero sviluppate dai tedeschi piuttosto che dalle compagnie petrolifere inglesi. Conclusione: per impedire che accadesse, l'esercito inglese marciò nel suo Paese e occupò l'intera area.

Il sovrano disperato scrisse una lettera a Roosevelt, lamentandosi dell'occupazione del suo Paese in violazione del diritto internazionale. Lei rappresenta i Quattordici punti di Wilson e il diritto di autodeterminazione dei popoli. Ci protegga dall'occupazione illegale del nostro Paese. La risposta di Roosevelt verrà comunicata nella prossima sezione.

La lettera di Roosevelt allo Scià

In risposta, Roosevelt informò lo Scià che presto anche le truppe americane avrebbero occupato il suo Paese al fine di proteggerlo dalla smania di conquista di Hitler. Quest'ultimo avrebbe previsto l'invasione non solo del Medio Oriente ma anche dell'Asia meridionale. Inoltre, avrebbe avuto l'intenzione di conquistare il Nord e il Sud America. Gli americani lo avrebbero protetto, lo Scià, cosicché questo piano non potesse essere attuato. In realtà, era stato deciso già da tempo di occupare l'Iran, in modo da poter rifornire il fronte russo di armamenti attraverso il mar Caspio e il Volga.

Turchia

Il piano di Churchill di organizzare la fornitura di armamenti attraverso la Turchia fallì, poiché Atta Türk aveva un potente esercito di 650 uomini, i quali erano stati addestrati ed equipaggiati al meglio. Neanche Churchill in persona osò cercare la lite con questo esercito. Al contrario, propose al Primo Ministro turco di unirsi alla guerra contro la Germania, in cambio di enormi promesse. La risposta fu negativa. La tradizionale amicizia tra la Turchia e la Germania, la quale esisteva fin dall'epoca imperiale, era più forte.

La lettera originale di Churchill

La risposta di Roosevelt alla richiesta dello Scià persiano di aiutarlo contro l'aggressione britannica è degna di nota. Roosevelt non si vergognò di scrivere quello che tutti, e soprattutto lo Scià, riconobbero immediatamente come una

menzogna: "Si presume che la Germania continuerà le sue campagne di conquista e le estenderà oltre i confini dell'Europa fino all'Asia, all'Africa e persino alle Americhe, a meno che non le venga impedito con l'intervento di azioni militari. È altresì certo che i Paesi, i quali vogliono preservare la loro indipendenza, dovranno riunirsi in uno sforzo comune, a meno che non vogliano essere sopraffatti uno a uno. Com'è già accaduto in un gran numero di Paesi europei".
"It is certain that movements of conquest by Germany will continue and will extend beyond Europe to Asia, Africa and even to the Americas, unless they are stopped by military force, ...". (Datata 25/08/1941)

Ulteriore sviluppo della guerra in Oriente

La svolta dopo Stalingrado, ove le truppe tedesche furono sconfitte per la prima volta, risultò in un importante impulso patriottico. Nonostante le gravi perdite da parte russa, i tedeschi furono respinti sempre di più. Tuttavia, gli Alleati non costruirono il secondo fronte occidentale, tanto desiderato da Stalin. Solo quando Stalin ebbe già conquistato la Romania e la Bulgaria e si trovava ai confini della Grecia, Churchill si spaventò, temendo di poter perdere al nuovo poker di potere per la supremazia. Temeva che i russi sarebbero riusciti a conquistare Berlino prima che gli inglesi e gli americani fossero pronti.

Lettera a Stalin

Voleva scoprire come Stalin valutasse quest'opportunità e, ipocritamente, chiese: "Vogliamo continuare a bombardare le città tedesche? Sussiste il pericolo che, se iniziamo i trattati di pace in Germania, non ci sarà più un edificio in cui incontrarci". Stalin riconobbe immediatamente il secondo fine, la vera intenzione. Rispose: "Continuate tranquillamente a bombardare. Purtroppo, non è tutto così veloce. Va dannatamente per le lunghe". Voleva evitare che le potenze occidentali raddoppiassero le loro fatiche, affinché egli non entrasse per primo a Berlino.

Volo per Mosca

A ogni modo, Churchill voleva assicurarsi che, nonostante le conquiste dei russi, le possibilità di vittoria degli Alleati non erano del tutto perdute e volò a Mosca. Qui si sedette di fronte a Stalin. Su un piccolo ritaglio di carta scrisse: "Romania: distribuzione dei profitti 90% russa, 10% inglese". Voleva che almeno il 10% del profitto dei giacimenti petroliferi rumeni venisse incassato dall'Inghilterra, sebbene la Romania, a quei tempi, fosse già stata interamente conquistata dalla Russia. Stalin "spuntò", vale a dire disegnò una piccola linea sul foglietto e Churchill lo appallottolò. Churchill rimase molto colpito da questa cooperazione. Ma Stalin pensò: perché dovrei entrare in una discussione? Ho conquistato la Romania, perché dovrei cedere il 10% del bottino? I trattati esistono per essere infranti. A cuor leggero spuntò anche il 10% della Bulgaria per Churchill. Perfino quando la Grecia divenne oggetto del poker, accettò che l'Inghilterra ottenesse il 90% e lui il restante 10%. La lotta per la Grecia doveva ancora iniziare. A chi poi sarebbe stata attribuita la vittoria effettiva, non dipendeva dalla spunta messa prontamente. Infine, si divisero l'intera regione balcanica, 50% e 50%. In questo caso, nessuno dei due contraenti aveva autorità in merito. Tito aveva riconquistato i Balcani senza l'aiuto dei due, cioè lui e i suoi partigiani occuparono le aree da cui i tedeschi si ritirarono senza combattere, poiché difendere le posizioni nei Balcani sarebbe stato inutile se il fronte orientale fosse crollato. Negli anni a venire rimase neutrale, quindi niente 50/50.
Un meraviglioso esempio di politica internazionale.

Churchill era entusiasta del suo grande successo. "Più conosco Stalin, più aumenta la mia amicizia nei suoi riguardi". Ma questo entusiasmo non durò a lungo. Si rese presto conto che solo la sua ingenuità credeva nella cooperazione di Stalin.

Ritorno a casa notturno

Tutte queste osservazioni di Vladimir, furono per me talmente sorprendenti e impressionanti da lasciarmi totalmente confuso. Ma ciò che mi sorprese maggiormente, furono gli interventi di John. Ciò che disse John, in Germania non sarebbe stato possibile, se non con un grido d'indignazione. Mi tornò in mente la trasmissione televisiva in cui Eva Herman, una popolare presentatrice, non disse niente di speciale circa l'autostrada, dichiarazione che, tuttavia, portò a uno scandalo enorme in Germania.

Critica

Questa volta fu Houston a criticarmi. Di solito è il contrario. Disse: "Penso che tu l'abbia molto edulcorato. Grazie a Dio, il lettore ha la possibilità di rivedere la scena su YouTube." D'accordo.

Correzione

In seguito alla sua critica, ho voluto vedere di nuovo la scena su YouTube. Ma non l'ho più trovata. Chiedendo a un conoscente, è venuto fuori che lo scandalo non è sorto a causa del commento sull'autostrada, bensì perché la presentatrice è dell'opinione, così come la descrive nel libro, che per la crescita di un bambino sia importante avere una persona di riferimento stabile, possibilmente la madre, per i primi 3 anni di vita. Questo è il risultato ottenuto dagli psicologi moderni. Affidare un bambino all'asilo, all'età di un

anno, non sarebbe favorevole per il suo sviluppo. La risposta fu un grido. I partecipanti alla discussione ritenevano che essa propendesse per posizioni fortemente naziste. La risposta di Eva Herman fu: "se una convinzione è giusta, allora non diventerà sbagliata solo perché i nazisti la rappresentano". Questa motivazione era peggiore dell'affermazione sull'autostrada.
Dopo questa dichiarazione ha dovuto lasciare la trasmissione in diretta, secondo quanto affermato dal mio conoscente.
Non ho avuto il tempo di rivedere la testimonianza del mio conoscente. Ho dovuto chiedere ai lettori di informarsi autonomamente riguardo all'accaduto.

Conversazioni dopo la mezzanotte

Siccome il giorno seguente volevamo visitare il castello di Windsor, decidemmo congiuntamente di pernottare nel mio appartamento in Bayswater Road, poiché da qui potevamo raggiungere la Paddington-Station a piedi e da questa stazione potevamo prendere un treno diretto per Windsor.
A questo punto, indirizzai la conversazione di nuovo su John, l'americano. Houston aveva preso contatto con lui subito dopo la sua prima visita al Mari Vanna. Era semplicemente curioso e voleva saperne di più su di lui. Negli Stati Uniti, John apparteneva a un gruppo che sosteneva Trump nella campagna elettorale. La società "Friendship with New Germany" non esisteva più, ma molti seguaci vivono tuttora. John sosteneva le idee di Franz Spanknöbel. Costui pensava che la disposizione ereditaria fosse decisiva per l'identità di una persona. Nel modo di dire dell'epoca: l'appartenenza di sangue è più determinante del luogo di nascita. Con ciò intendeva dire che, sebbene molti americani di origini tedesche siano nati negli USA, hanno tuttora un forte attaccamento alla Germania. Ai tempi, voleva perfino che il

tedesco diventasse la lingua ufficiale in alcune parti d'America, ad esempio in Pennsylvania.

Critica a Houston

Quello che mi raccontò Houston, mi era del tutto sconosciuto, per cui gli dissi: "Scommetto che in Europa non c'è una persona che sappia chi è Franz Spanknöbel. Probabilmente nemmeno negli USA. Le tue storie possono essere lette solo se si ha un pronto accesso a internet".
"Hai ragione, tuttavia, negli Stati Uniti esistono ancor oggi persone, le quali rappresentano le idee di quelli che hanno un atteggiamento positivo nei confronti del nazionalsocialismo. Puoi trovarne alcuni nel team elettorale di Trump".

Untermyer o Untermeyer

Spanknöbel combatté contro Untermyer, il quale diede inizio al primo boicottaggio ai danni delle merci tedesche. Una grande dimostrazione di migliaia di dimostranti ebrei distrusse tutta la porcellana nel più grande magazzino di New York, il "Macies". La porcellana tedesca era molto apprezzata dagli americani benestanti. In un altro reparto del grande magazzino, i dimostranti trovarono calze da donna made in Germany, di conseguenza diedero fuoco a questo reparto, sebbene i proprietari del grande magazzino fossero ebrei.

Reazione

Tedeschi opponetevi. Non comprate dagli ebrei. Questa fu la reazione dei tedeschi pochi giorni dopo. La protesta venne limitata a due giorni. Oggigiorno, in tutte le pubblicazioni vengono mostrate foto e manifesti a riguardo, senza far riferimento agli eventi precedenti a New York.

Guerra santa

Questo Untermyer, in un discorso alla radio, annunciò la guerra santa contro la Germania. In accordo con tutti i rappresentati del giudaismo, quindi Rothschild, Rockefeller, Roosevelt, Churchill, dichiarò: "Judea declares war on Germany". Questo venne stampato anche sul Daily Mail, il celeberrimo quotidiano. 14 milioni di ebrei in tutto il mondo dichiararono guerra alla Germania. Era il 1933, con grande rammarico degli ebrei che vivevano in Germania, i quali presero immediatamente le distanze, poiché vi riconobbero enormi svantaggi per loro stessi. L'essenza della guerra santa consiste non solo nel sottomettere i vinti, bensì nello sterminio totale, comprese le donne e perfino l'intero bestiame. Siccome Saul non obbedì a questo precetto, e lasciò in vita il re degli sconfitti, Dio lo privò della sua grazia e designò Davide come re e successore. Il profeta Samuele riferì l'ordine di Dio. Questo è quanto detto in 1 Samuele 15, versetto 2-9. Saul verrà respinto, giacché non ha portato a termine il suo compito contro gli Amaleciti.

Clemenza

La clemenza del nemico può avere l'unico scopo di far sì che le seguenti generazioni di Israele non disimparino l'arte della guerra. Devono rimanere a disposizione molti nemici, affinché la stirpe futura abbia la possibilità di ucciderli. Questo è quanto scritto nel Libro dei Giudici, capitolo 11, verso 24.

Il settimo giorno
Il castello di Windsor (7.1)

Dato che il sesto giorno era stato alquanto lungo ed estenuante, oggi, il settimo giorno, volevamo vivercelo come se fosse domenica. Senza aver pianificato nulla e senza alcun accordo, in tarda mattinata prendemmo il treno dalla stazione di Paddington diretti verso Windsor Central. Volevamo visitare in tranquillità il castello e il parco di Windsor.

Nonostante fossi stato più volte a Londra, anche se per pochi giorni, non ero mai riuscito ad andare a vedere il famoso castello. Non avevo la minima idea di quanto fosse enorme la fortezza. Infatti quando mi ritrovai davanti agli occhi l'intero complesso monumentale in tutta la sua grandezza, mi sentii sopraffatto.

Origini storiche

Rimasi sorpreso anche di quanto antico fosse il castello. Già Guglielmo il Conquistatore aveva fatto erigere qui un castello di legno su un tumulo di terra creato artificialmente. Il segno caratteristico del castello, la Torre rotonda, si trova ancora su questo "monticello". Attorno a essa si raggruppano le fortificazioni medievali, la corte superiore e la corte inferiore, che nel corso dei secoli ospitarono le stanze reali.

Mille anni

Dagli inizi a oggi, il castello di Windsor sembra avere quasi mille anni. Ed è il più grande castello al mondo a essere stato abitato ininterrottamente. Sono stati fatti lavori di ampliamento di continuo. Venne trasformato, vennero aggiunte delle parti, a volte fu considerato più che una fortezza. In tempi di pace veniva vissuto come una sontuosa residenza.

Il portale principale

Chiaramente anche Enrico VIII ha lasciato qui le sue tracce. Progettò il maestoso portale principale. Lo stemma con il melograno, legato simbolicamente alla prima moglie, Caterina D'Aragona, si trova sopra l'arcata d'accesso e sopra il cancello principale.

Una prigione

Al piccolo Edoardo, unico erede maschio di Enrico VIII, Windsor sembrava però non piacere affatto. "Qui non ci sono né balconi, né giardini per andare a passeggio. Sembra di stare in una prigione", deve aver detto.

Un luogo sicuro

Per la sorellastra Elisabetta, quando divenne regina, il castello costituiva invece il luogo in cui si sentiva più al sicuro. Qui non si sentiva minacciata dai suoi avversari cattolici, i quali provavano continuamente a liberarsi di lei con attentati. Nell' ala nord fece costruire una galleria coperta. E così creò per la prima volta una sorta di giardino invernale.

Il quartiere generale di Oliver Cromwell

Le sue truppe parlamentari conquistarono il castello durante la guerra civile inglese. E qui Cromwell fece disporre il suo quartiere generale. Visto però che non poteva pagare la guarnigione presente, i soldati ebbero il permesso di saccheggiare il castello.

Roberto del Palatinato

Il castello di Windsor era il simbolo emblematico della monarchia inglese. Roberto del Palatinato, il quale sposò Elisabetta, figlia di Carlo I Re d'Inghilterra, volle aiutare il suocero. Già pochi giorni dopo la caduta della fortezza da parte di Cromwell, raggiunse Windsor con le sue truppe ma non riuscì a riconquistare il castello.

Carolus Stuardus

Avevamo preso un'audioguida, ma Houston era così informato che poté fornire molti dettagli. Il poeta barocco tedesco Andreas Gryphius, che visse al tempo di Carlo I, scrisse una tragedia sulla sua morte, in stile classico, la prima tragedia greca scritta in tedesco, rispettando la regola delle tre unità: l'unità di luogo, di tempo e di azione. Intitolò la sua tragedia "Carolus Stuardus". Un protestante tedesco glorifica un monarca inglese simpatizzante del cattolicesimo presentandolo come martire della fede. Carlo I aveva di fatto difeso la lega protestante.
Il "Re d'inverno" Federico V, suo genero, era il loro capo. Ciò dimostra che in tempi di guerra, spesso tutti i fronti sono sfocati.

Relazione segreta

In Inghilterra, il protestantesimo prevalse. Carlo I fu catturato da Cromwell e giustiziato nel 1649 di fronte alla Banqueting House di Londra, un anno dopo la fine della Guerra dei Trent'anni. I fedeli seguaci riuscirono a portare di nascosto il suo cadavere a Windsor. Beneficiando della notte oscura, fu sepolto senza cerimoniale accanto alla bara di Enrico VIII e alla sua terza moglie, Jane Seymour. Cromwell e la sua gente non se ne accorsero mai. La sua tomba esiste ancora oggi.

La Regina Vittoria

Lei e il principe Alberto fecero di Windsor la loro residenza principale. Dopo che lui morì, Vittoria si ritirò completamente nella solitudine di questo castello. Nelle vicinanze di Frogmore House la regina fece costruire un mausoleo, dove lei e il marito sono sepolti.

Queen Mary

Per un lungo periodo il castello rimase inabitato. Soltanto la moglie di Giorgio VI, Maria di Teck, la quale rimase vedova molto presto, fece di Windsor la sua residenza preferita. La casa delle bambole da lei creata rappresenta oggi un'attrazione turistica.

L'abdicazione di Edoardo VIII

Edoardo VIII tenne il discordo di abdicazione, che venne trasmesso alla radio, in una delle stanze del Castello di Windsor.

Un segreto ben custodito

Durante la Seconda guerra mondiale, i "Windsor" soggiornavano ufficialmente a Buckingham Palace, ma le bambine Elisabetta e Margaret furono portate per motivi di sicurezza a Windsor. Durante il giorno, il re e la regina erano a Buckingham Palace, di notte tornavano a Windsor e per ragioni di propaganda al mattino presto di nuovo a Londra.

Il nascondiglio di Elisabetta II

Subito dopo la sua incoronazione, Elisabetta II decise di trascorrere a Windsor i suoi fine settimana. Solo lo stendardo reale indica se si trova a Windsor o a Buckingham Palace.

La Cappella di San Giorgio

È il cimitero più importante dei re inglesi dopo l'abbazia di Westminster. Come abbiamo già sentito, Enrico VIII e sua moglie Jane Seymour, così come Carlo I, sono sepolti lì. Inoltre, vi riposano Giorgio III, Giorgio IV, Giorgio V con sua moglie, la Regina Maria, Georgia VI con la Queen Mum, genitori dell'attuale Regina Elisabetta.
Questa cappella è anche la più bella chiesa gotica in Inghilterra, alla pari della cattedrale di Canterbury.

Il trasferimento della salma di Giorgio 1° Duke of Kent

L'attentato commissionato da Churchill il 25 agosto 1942, portò alla morte del figlio minore del sovrano Giorgio V e di otto dei suoi più stretti confidenti. Ovviamente non fu permesso di seppellirlo nella Cappella di San Giorgio. Tuttavia, dopo la morte di Churchill, la famiglia reale portò la sua salma nella Cappella di San Giorgio, alla quale apparteneva da sempre.

Una morte sacrificale

Il ruolo di questo martire e il suo impegno a porre fine alla sanguinaria Seconda guerra mondiale saranno forse pienamente compresi solo quando, un giorno, il mistero che circonda il volo di Rudolf Hess sulla Scozia verrà rivelato.

Un'idea spontanea

Trovandoci davanti a questa tomba a Houston venne l'idea di andare insieme al Couscous Darna. Conosce un cameriere tunisino che lavora lì, il quale poteva raccontarci molte cose interessanti su Hess.

Couscous Darna (7.2)

Mohamad

Questo cameriere si chiama Mohamad. E' nato a Sidi Bou Said, che si trova vicino al confine con l'Algeria, non lontano da Biserta, l'ultima stazione militare francese in Tunisia prima che il paese diventasse indipendente nel 1958. Mohamad ha imparato il francese nel suo Paese natale e inizialmente ha lavorato a Marsiglia. I nordafricani non sono i benvenuti lì. Così, si è trasferito in Inghilterra, dove vive ormai da molti anni. Couscous Darna è uno dei tanti punti di ritrovo di Houston, il quale, da scapolo eterno, non cucina quasi mai da solo. Anni di conoscenza con Mohamad lo hanno reso un buon amico.

Una coincidenza

Anche l'ultimo infermiere di Rudolf Hess a Spandau era tunisino. Nacque nel 1942 nello stesso villaggio della famiglia di Mohamad. Il suo nome era Abdallah Melaouhi. Dopo la morte di Hess apparve in diversi eventi e persino in trasmissioni televisive, anche in Inghilterra. Così i due potettero ritrovare un contatto da tempo perduto.

Merguez

Per prima cosa volevamo ordinare. Chiaramente couscous e merguez, queste gustose salsicce che costituiscono degli alimenti di base non solo nel Nord Africa arabo, ma ora anche nella cucina francese. Era l'ora di pranzo, non c'era molta gente nel ristorante, così Mohamad potette sedersi spesso a parlare con noi.

Fine del colonialismo

All'inizio non si parlò affatto di Hess ma delle lotte per porre fine all'egemonia coloniale della Francia. Gli stessi Mohamad e Abdallah vissero questo scenario quando erano ancora dei bambini. Abdallah ne parla ampiamente nel suo libro dedicato agli ultimi anni di Hess. Racconta anche come suo padre perse la vita lottando. Inoltre, non nasconde che i francesi abbiano perpetrato delle torture brutali.

Titolo del libro

Il titolo del libro è: "Guardai i suoi assassini negli occhi". Mohamad ha confermato che Abdallah non sospettava, bensì, in quanto testimone, era certo che Hess fosse stato assassinato. Probabilmente lui è l'unico testimone vivente a non essere coinvolto nella vicenda. Due "gorilla" muscolosi costretti in strane uniformi americane lo strangolarono. Quando Abdallah poté finalmente andare a vedere la salma, il guardiano americano Jordan lo accolse con le parole: "Il (!!) maiale è stato eliminato!".

Accoglienza con champagne

Quando il corpo di Hess arrivò al casinò degli ufficiali, i mandanti dell'assassinio, i tre governatori occidentali, bevvero champagne con alcuni ufficiali confermando che i servizi segreti britannici avevano concluso con successo il loro compito.

Il motivo dell'assassinio

Perché venne ucciso un novantatreenne? Dopotutto, Hess era l'unico prigioniero in questo enorme complesso con una vasta area associata. Decine di guardie, inservienti e rappresentanti delle Quattro Potenze Vincitrici furono incaricate di non far entrare nessuno in contatto con Hess. Gli inservienti non potevano essere di nazionalità tedesca e gli era proibito di parlare con lui. Le guardie si assicuravano costantemente che l'isolamento totale del prigioniero fosse garantito.

Numero 7

Non si poteva chiamarlo per nome, bensì doveva essere chiamato come Numero 7. Nei giornali che gli era permesso leggere, gli articoli di politica venivano oscurati. Hess non doveva ricevere alcuna informazione riguardo cosa stesse succedendo nel mondo. Non seppe mai che le zone occupate erano state riunite in una Repubblica federale, che esisteva un Konrad Adenauer, che Stalin e infine Churchill erano morti. Gli era permesso soltanto di venire a conoscenza di eventi sportivi e di calamità naturali. Per molti anni non gli fu permesso di avere contatti con la sua famiglia. Quando alla fine a suo figlio Wolf Rüdiger Hess venne permesso di andare a fargli visita nei suoi ultimi anni di vita, due guardie li sorvegliarono tutto il tempo, per assicurarsi che la conversazione riguardasse solo cibo, vestiti e problemi di salute.

Scritti

Tutto ciò che Hess scriveva, a volte su rotoli di carta igienica, veniva giornalmente messo sotto chiave. C'era chiaramente un enorme timore che Hess potesse rendere pubblici i suoi pensieri, cosa che i servizi segreti britannici dovevano impedire a ogni costo. Ovviamente, gli venivano somministrati anche psicofarmaci, i quali avrebbero dovuto spegnere la sua memoria. Questa sorveglianza costò milioni; certamente non alle guardie della prigione, ma al contribuente tedesco.

Gorbachev

Le Quattro Potenze Vincitrici si alternavano ogni mese nella sorveglianza, fino a quando Gorbachev disse che trovava indegno continuare a tenere un prigioniero di 93 anni in simili circostanze, dopo così tanti anni. Voleva rilasciarlo per Natale.

"Ora mi uccideranno"

Hess, il quale desiderava sopra ogni altra cosa poter tornare dalla sua famiglia, deve aver detto spontaneamente a suo figlio: "Ora mi uccideranno". Si trattava sempre di un segreto che non poteva essere rivelato. Per evitare ciò, i servizi segreti britannici ovviamente, non videro altri mezzi se non l'omicidio prima del rilascio, dopo il quale Hess, non più sorvegliato, avrebbe potuto rivelare queste informazioni segrete.

Segreto

Era un'ossessione di Hess o realmente i servizi segreti britannici dovevano impedire che le informazioni circolassero?

Haushofer

Mi venne in mente un parallelismo. Il padre del suo giovane segretario, il Professor Haushofer, che seguì la completa preparazione del volo di Hess e che entrò in contatto con i "golpisti" inglesi, avrebbe dovuto testimoniare sul caso Hess al Processo di Norimberga. Due giorni prima della testimonianza venne ucciso insieme alla moglie nella loro fattoria isolata sulle Alpi bavaresi dai servizi segreti britannici.

Un suicidio simulato

Questo doppio omicidio venne mascherato come suicidio. Haushoher fu costretto a scrivere che voleva suicidarsi insieme alla moglie. Poi li costrinsero a prendere l'arsenico e trascinarono i due cadaveri in un piccolo boschetto dove la donna venne impiccata, ma poi furono disturbati, così che il cadavere di Haushofer rimase con la corda intorno al collo sotto l'albero dove avrebbero voluto impiccarlo.

Mosaico

Questo fatto era nuovo anche per il mio amico Houston. Anche Mohamad non ne sapeva nulla. Ma è così che un tassello viene all'altro, finché il mosaico non è completo.

Campagna del Nordafrica

Mohamad raccontò molto sulla campagna tedesca in Africa, cose che aveva saputo dai suoi genitori. Anche nel libro di Melanouhi ci sono interessanti dettagli a riguardo. Rommel era molto stimato dagli arabi. Quando gli Alleati avanzarono verso la Tunisia, gli arabi nascosero i soldati tedeschi feriti che non poterono fuggire in tempo, facendogli indossare il burka, fino a quando gli americani non passarono oltre. Dopodiché i tedeschi poterono penetrare fino alla costa e così salvarono le proprie vite, che, senza l'aiuto della gente del posto, certamente avrebbero perso. I soldati inglesi e americani erano odiati dagli arabi per il loro modo arrogante di atteggiarsi da padroni coloniali.

El Alamein

In questo luogo vennero portati tutti i prigionieri tedeschi. Churchill ed Eisenhower avevano escogitato un modo molto infame per l'uccisione di questi prigionieri. Lasciarli morire di fame avrebbe richiesto un tempo relativamente lungo.

Crearono quindi un campo di raccolta in un luogo completamente privo di ombra, in mezzo al deserto. I prigionieri dovettero spogliarsi completamente. Il sole africano avrebbe inflitto tali ustioni sulla pelle indifesa che sarebbe stato mortale. Per gli arabi ciò fu particolarmente scandaloso, dal momento che il Corano stabilisce che un uomo debba coprire la sua nudità dall'ombelico al ginocchio. "Guardate come i nostri colonizzatori, che hanno riacquistato il potere, trattano le persone". In questo modo giornalisti arabi protestarono e resero note le intenzioni degli americani e degli inglesi nelle loro grandi città. L'indignazione del popolo fu così grande che gli Alleati si resero conto di aver perso tutto il rispetto da parte della popolazione, cosa che li portò a rinunciare a questo metodo di eliminazione dei vinti.

Afflusso di clienti

Nel frattempo il ristorante si era riempito di gente. Mohamad doveva tornare a servire. Ma ci suggerì di leggere il libro del suo connazionale. È assolutamente attendibile e fornito di molte prove. È disponibile in francese e ormai è stato tradotto anche in tedesco.

Wunsiedel

In questo isolato paesino idilliaco, i genitori di Rudolf Hess avevano una casa vacanze. Egli voleva essere seppellito lì. La sua lapide portava l'iscrizione "Io ho osato", come da lui desiderato. La famiglia avrebbe voluto mantenere la tomba come luogo commemorativo. Dopo 20 anni dovettero rinunciarvici. Le autorità competenti temevano che potesse diventare un "luogo di pellegrinaggio" per i nazionalsocialisti. Le ossa dovettero essere riesumate e bruciate. Le ceneri furono disperse nel mare, affinché non ci fosse un luogo dove poter commemorare quest'uomo. Perfino il suo ricordo doveva essere cancellato. Orwell lo definiva "vaporizzare".

Spandau

Il massiccio edificio in mattoni rossi, che a Berlino era uno dei pochi edifici storici sopravvissuti ai bombardamenti, fu demolito il giorno dopo la morte di Hess, e sull'intera area venne costruito un supermercato inglese. Al governo tedesco non venne chiesto nulla. E comunque non avrebbe potuto opporsi. La Germania non aveva ancora un trattato di pace. E, secondo la volontà di Churchill, mai ci sarebbe dovuto essere, anzi la Germania sarebbe dovuta rimanere sempre un paese occupato. Le aree in cui vivevano gli occupanti erano extraterritoriali. Non dipendevano in alcun modo dall'amministrazione tedesca.

ChukranJazielen

Nel frattempo Mohamad aveva avuto il tempo di portarci il libro del suo compatriota. Lo sfogliammo un po'. Sul retro della copertina c'è una foto di questo simpatico musulmano. Con la parola araba "ChukranJazielen", ossia "Molte grazie ", che Hess gli disse per ringraziarlo di un breve massaggio, ebbe inizio il rapporto di fiducia tra i due. All'inizio Abdallah non reagì, era così confuso. Pensò di non aver sentito bene. Non poteva essere che Hess parlasse arabo. Hess notò la sua confusione e poi disse: "Yu jadu fi nahri mä lä yujedu fi-el bah-rie". Questa frase è una sentenza filosofica araba dalle molteplici sfaccettature. Si traduce così: "Ciò che di ricco esiste nel fiume, non esiste nel mare, e ciò che di ricco esiste nel mare, non esiste nel fiume".
Hess e Abdallah potevano comunicare in arabo senza che le guardie lo impedissero. Alle sospettose domande rispetto a cosa significasse tutto quel chiacchiericcio, il tunisino aveva risposto: "Lo sapete che è un po' matto. Faccio il suo gioco per non farlo agitare".

Ebraico

Gabel, il parroco francese della prigione, che fino a quel momento si era occupato di Rudolf Hess ed era amico di Abdallah, gli confessò che Hess leggeva la Torah con lui. Hess era molto interessato alla storia del popolo ebraico. Sapeva anche confrontare molti termini ebraici con l'arabo. È noto che Salam (arabo) e Shalom (ebraico), la parola per pace, derivano dal linguaggio semitico comune. Eloah (ebraico) e Allah (arabo) erano i due nomi del loro dio prima che Yahweh prevalesse per mezzo di Mosè. Il fondatore comune di entrambi i popoli è Ibrahim (arabo) e Abraham (ebraico), la cui tomba a Hebron ha due ingressi: uno a destra per gli ebrei e l'altro a sinistra per i musulmani.

Alessandria d'Egitto

"Come si spiega che Hess sapesse parlare arabo?" chiesi. Nacque ad Alessandria d'Egitto e trascorse tutta la sua infanzia e adolescenza in Egitto. L' arabo era la sua seconda madrelingua. Suo padre era commerciante. A casa con i suoi genitori, naturalmente, il piccolo parlava tedesco. Ma, ovviamente, tutto il personale di servizio, il cuoco, il giardiniere, il custode, la cameriera erano egiziani. I bambini imparano le lingue molto velocemente e facilmente e così anche il piccolo Rudolf non ebbe difficoltà a comunicare in arabo nell'ambiente circostante e con i bambini del vicinato. Quando il padre tornò in Germania, Hess, che aveva già 16 anni, volle preservare questa conoscenza linguistica imparando la scrittura araba, in modo da poter anche leggere e scrivere.

Relax

La nostra pausa pranzo al Couscous Darnasi si era prolungata molto. Nonostante le numerose informazioni interessanti, alcune cose erano molto sconfortanti.

Decidemmo di rilassarci come vuole la maniera orientale, andando in un bagno turco, un Hammam ottomano. Volevamo farci un bagno come un pasha nella spa. Per quanto riguarda il benessere corporeo il mondo musulmano è decisamente superiore a noi. Houston non ebbe alcun problema a trovare il migliore nel suo genere a Londra.

AlZaibatsu (7.3)

Dopo un prolungato "Relax" nel bagno turco, la sera volevamo fare soltanto un piccolo spuntino. Houston conosceva molto bene i collegamenti di trasporto più veloci. Zaibatsu, il ristorante giapponese che suggerì, si trovava lungo il Tamigi, a Greenwich. I giapponesi sanno come preparare piatti gustosi e facilmente digeribili. Non vedevo davvero l'ora. Dopo un viaggio in Giappone, la cucina giapponese era ancora viva nella mia memoria. Inoltre, Houston conosceva un cameriere giapponese che poté fornirci eccellenti informazioni riguardo la guerra nel Pacifico. Suo padre prese parte alla conquista di Singapore, ma in seguito venne catturato dagli inglesi e fu spedito in Inghilterra per nave. Dopo la sua liberazione vi rimase volontariamente. Haruto, il suo figlio maggiore, nostro cameriere e co-proprietario del ristorante, ha una madre inglese. Ma non ha dimenticato le sue radici paterne. Periodicamente vola a Tokyo, dove cura i legami di parentela.

Singapore

Da lui venimmo a sapere che il progetto di prestigio degli inglesi, e in particolare di Churchill, era quello di trasformare Singapore in una gigantesca fortezza. Era la più grande dell'Estremo Oriente. Quando il 15/02/1941 la fortezza crollò, Churchill la definì "Il peggior disastro e la più grande capitolazione della storia britannica". Questa fortezza era ritenuta la più imponente e inattaccabile. 80.000 soldati,

britannici, ma anche malesi, indiani,... erano di stanza lì. Alcune fonti parlano addirittura di 130.000.
Il geniale comandante di Churchill aveva posizionato i cannoni in modo molto fitto tutt'intorno all'isola e puntati in direzione del mare. In effetti, nessuna delle navi giapponesi sarebbe potuta passare di qui. Quindi i giapponesi vennero da nord via terra fino ad arrivare all'unico stretto ponte che collegava l'isola con il continente, il quale era difeso da soli 200 soldati. I cannoni non potevano essere invertiti, così, 30.000 giapponesi conquistarono la gigantesca fortezza in 3 giorni. La storiografia ufficiale recita: i britannici non poterono resistere alla schiacciante superiorità dei giapponesi. (Questo si riferisce tuttavia ai 200 soldati a guardia del ponte. Il confronto effettivo tra i contingenti di 130.000 a 30.000 viene elegantemente omesso).

Infestazione da ratti

Il caso Singapore viene di fatto messo a tacere ufficialmente. Eppure, per impedire qualsiasi glorificazione degli atti bellici nipponici, venne messa in giro la voce che i giapponesi avessero in serbo una guerra biologica per Singapore, vale a dire allevando ratti infettati dalla peste.

Ansie fomentate

La stampa inglese aveva fomentato nella storia inglese l'ansia che il desiderio d'espansione dei giapponesi potesse portare alla conquista delle isole britanniche. Prima che la flotta giapponese potesse attraversare le strade di Malacca, circumnavigare la punta meridionale dell'India e il capo di Buona Speranza dell'Africa, oltre la costa occidentale verso Spagna, Portogallo, Francia, e così raggiungere le acque britanniche, era necessario costruire un baluardo,

130

possibilmente direttamente sulla prima tappa, a Singapore, di fronte allo stretto.

Paragone

La minaccia nipponica per l'Inghilterra a quel tempo era verosimile come lo è oggi la minaccia nordcoreana per gli USA. Kim Jong-un, "uomo razzo" ha un missile, il quale, se tutto va bene, potrebbe sorvolare il Pacifico e raggiungere così la costa occidentale degli USA. A una doppia velocità del suono impiegherebbe 4 ore per la traversata. Quindi un tempo abbastanza lungo da permettere alla difesa antimissile di abbatterlo. Per il governo americano il pericolo è troppo grande, in quanto il dittatore potrebbe costruire ulteriori missili: "Stroncare il problema sul nascere". La cosa più sicura sarebbe quella di iniziare direttamente una guerra.

Scopo della fortezza di Singapore

Il padre di Haruto pensava che questa concentrazione di potere militare dovesse servire ad avviare la conquista della Cina. Almeno è quanto ha raccontato al figlio. I britannici, congiuntamente con gli USA, avevano diviso la loro zona di influenza in modo tale che Shanghai e il fiume Azzurro formassero il confine tra le aree di competenza. Gli USA avrebbero potuto depredare la parte settentrionale con Pechino e Nanchino. La parte meridionale con Hong Kong e Macao sarebbe appartenuta agli inglesi.

Guerra per delega

Dapprima, il Giappone non ebbe alcun ruolo in questa lotta per la distribuzione. Doveva solo essere annientato durante la guerra pianificata contro la Cina, affinché le forze armate cinesi si indebolissero e potessero essere sconfitte più facilmente dalle due potenze alleate. Il Giappone doveva quindi essere tolto di mezzo incidentalmente durante questa guerra per delega. Eppure, Roosevelt e Churchill si sbagliarono a riguardo. Non fu Chiang Kai-shek con il suo miliardo di persone, bensì il Giappone, con solo 100 milioni di abitanti, a occupare vaste aree della Cina continentale. Almeno questo è il modo secondo cui i giapponesi vedono la Seconda guerra mondiale, come notò Haruto.

Conclusione: Roosevelt e Churchill dovettero intervenire personalmente nella guerra. Il risultato finale fu che il Giappone venne sì sconfitto, ma la conquista della Cina era da dimenticare. Gli inglesi e gli americani persero per sempre questo gigante impero, poiché Mao Tse-Tung, alleato con Stalin, esiliò il generalissimo Chiang Kai-shek dal continente alla piccola Taiwan.

Sassoon

Intanto le grandi potenze si erano già aperte una strada nella ricca Cina, con la più ricca famiglia, i Sassoon. Si trattava di ebrei di Baghdad, i quali erano stati portati dai Rothschild in India, e che a suo nome – nel frattempo imparentati sotto molti aspetti con i Rothschild – si impadronirono del commercio mondiale dell'oppio, diventando presto la famiglia più influente e ricca della Cina.

Oppio

L'Inghilterra ha vinto due guerre contro l'imperatore cinese, il quale voleva impedire che il popolo cinese venisse rovinato dalla vendita forzata di oppio. Ma l'Inghilterra vinse e l'imperatore cinese dovette consentire la libera vendita dell'oppio. Così, il commercio di oppio in Cina divenne ufficialmente "legale". Tuttavia, i Rothschild non volevano eseguirlo a proprio nome, poiché il traffico di droga, in ultima analisi, è comunque considerato malfamato. Questo è ancor oggi valido. Pertanto, venne ufficialmente gestito dai Sassoon e non dai Rothschild.

Commercio globale

Da Shanghai, i Sassoon vendevano l'oppio in tutto il mondo, in particolare in India. I campi di papavero si trovavano in Birmania, nel triangolo d'oro, che era anche una colonia inglese. La Birmania fu occupata dai giapponesi durante la Seconda guerra mondiale, poiché ivi si trovava la linea di rifornimento per l'esercito inglese, il quale cercava un collegamento dall'India alla Cina, dopo che Singapore e Hong Kong caddero nelle mani dei giapponesi il 6/05/1942 e le navi non vi potevano più approdare.

River Kwai

Un celebre film e una nota melodia, The River Kwai March, raffigura i motivi per cui i prigionieri inglesi di Singapore arrivarono a dover costruire il ponte sul Kwai. Il padre di Haruto comandò i prigionieri inglesi durante la loro marcia.

Billy

A questo punto interruppi Haruto, poiché, durante un viaggio in Spagna, avevo incontrato un prigioniero inglese di Singapore, Billy. Anch'esso vi fu inviato per la costruzione del ponte sul fiume Kwai e fu liberato dalla prigionia giapponese solo in seguito al termine della guerra. Gli chiesi se fosse vero che i giapponesi trattavano così male i loro prigionieri e se avessero commesso crimini di guerra così terribili, com'è comunemente noto oggi. Gli chiesi in modo molto concreto: "Siete stati picchiati?" La risposta fu per me sorprendente:

"Nominami uno Stato nel quale i prigionieri non vengono picchiati". In tal modo riabilitò l'immagine dei giapponesi ai miei occhi. Allo stesso tempo, mi avrebbe molto sorpreso se anche la rappresentazione americana dei giapponesi durante la guerra fosse stata veritiera. Durante i miei viaggi in Giappone, ho potuto constatare in prima persona quanto amichevole, cortese e sensibile sia il popolo giapponese, come nessun altro popolo al mondo. È la comunità più civile del nostro pianeta.

Birmania

Gli inglesi persero anche questo ricco Paese, dopo che i giapponesi ritirarono le loro truppe. I ricchi Sassoon persero i loro campi di oppio e poco dopo anche tutti i loro palazzi nella Cina centrale. Oggi vivono alle Bahamas. Preoccupazioni economiche non ne hanno. Ci fu un'ulteriore disputa tra Roosevelt e Churchill. Roosevelt voleva assolutamente riconquistare la Birmania. Era dell'avviso che si potessero fare degli affari migliori con l'oppio, piuttosto che con l'Europa, ampiamente distrutta durante la guerra. Churchill riteneva più importante l'intervento sul continente europeo affinché Stalin non estendesse le sue conquiste alle coste del Canale, alle porte dell'Inghilterra. Alla fine Roosevelt si convinse della necessità dell'attraversamento della Manica. Contrariamente alle sue convinzioni, l'X-Day ottenne la priorità sui campi di papavero birmani.

Svolgimento della guerra nell'Oceano Pacifico

Gli americani combatterono la guerra soprattutto contro i civili, ossia bombardarono le città giapponesi nelle quali le donne con i loro bambini erano rimasti indietro, mentre gli uomini erano impegnati nei combattimenti contro i cinesi e furono costretti a trasferirsi nella Cina continentale. La necessità di materie prime costrinse i nipponici a cercare petrolio e acciaio, non reperibili sulla loro isola, laddove vi fossero dei giacimenti. Il teatro di guerra si estese così all'infinito, dalla Cina del nord e dalla Manciuria fino all'Indonesia e alle Filippine.

Bombe atomiche

I giapponesi avrebbero voluto concludere la pace più volte, eppure questa fallì a causa della richiesta degli americani che esigevano una resa incondizionata, come in Germania. L'obiettivo in Giappone era il genocidio. Allorché caddero le bombe atomiche, l'intero continente asiatico era ancora occupato dai giapponesi vittoriosi, la Birmania, l'Indocina, le Filippine, l'Indonesia. In seguito alla capitolazione, talvolta molte settimane più tardi, i giapponesi si ritirarono dal continente senza essere stati sconfitti. Una vittoria definitiva in queste zone sarebbe stata in ogni caso inutile se tutte le donne e i bambini in patria fossero stati uccisi.

Ritorno

Dapprima gli americani continuarono a perseguire la politica di sterminio del popolo giapponese. Tuttavia, quando gli alleati cinesi di Chiang Kai-shek furono cacciati da Mao Tse-tung, alleato di Stalin, i giapponesi rappresentavano nuovamente degli utili alleati contro il comunismo. Analogamente alla Germania, dove venne reintrodotto il servizio militare obbligatorio e vennero create le forze armate, in modo da guadagnare forze ausiliarie contro Stalin.

Relazioni del Giappone con la Germania

La fratellanza d'armi tra i due popoli, giapponesi e tedeschi, è tuttora ufficialmente un tabù. Eppure sussistono ottime

135

relazioni culturali e anche economiche tra le due nazioni. I viaggi in Giappone fanno parte dei miei ricordi ed esperienze più belli. La cucina giapponese ha ora trovato la sua strada anche da noi. Una buona grappa di prugne concluse questo tranquillo settimo giorno e ci congedammo dal simpaticissimo Haruto.

L'ottavo giorno
Hampstead – Station (8.1)

Eravamo stati invitati da Lizzy. Aveva letto il mio libro e voleva parlarmene, naturalmente anche con Houston, in fondo quasi tutte le storie provengono da lui. Io le avevo solo trascritte. Per non dover cercare a lungo casa sua, avevamo deciso di incontrarci in un pub non lontano dalla stazione della metropolitana. Lizzy aveva proposto "Spaniards Inn", un vecchio e tradizionale pub in stile inglese antico, dove Keats e Dickens erano ospiti abituali. Da lì voleva innanzitutto portarci a fare un giro nella parte della città dove viveva e che amava tanto; voleva mostrarcela prima di accoglierci come ospiti a casa sua. Eravamo solo in tre, poiché inizialmente la conversazione avrebbe riguardato solo la prima parte del Decamerone londinese.

Il giro

Lizzy era molto pratica del quartiere. Fu in grado di mostrarci tutte le case interessanti, nelle quali vivevano le personalità che significavano molto per lei, prendendo le vie più brevi. Non c'è nessun'altra parte di Londra in cui hanno vissuto così tante personalità importanti come qui. Quasi ogni casa ha una "Blue Plaque", una targa commemorativa che riporta il nome della celebrità che l'abitava. Un giro così risveglia molti ricordi. Le chiare linee della casa di Keat, il grande poeta romantico, ricordano i suoi versi che sembrano quasi classici. Il grande paesaggista Constable si sentiva a suo agio in questo ambiente quasi rurale. Ma anche Galsworthy, il romanziere, preferiva quest'area a qualsiasi altro quartiere di Londra. La famiglia di artisti di George du Maurier si trasferì più volte a Hampstead. Il figlio Gerald e la famosa figlia Daphne du Maurier crebbero qui e poi vi presero residenza. Anche artisti stranieri: Anna Pavlova, Dante Gabriel Rossetti, ... Sigmund Freud in esilio – la sua casa è oggi un museo – e Charles de Gaulle trovò ivi rifugio con la sua famiglia nella Seconda guerra mondiale. D.H. Lawrence, Edgar Wallace, Jan Fleming, H.G. Wells. Attori come Peter Ustinov, Kate Winslet, Johnny Depp, Elisabeth Taylor e Richard Burton. Cantanti come Rod Stewart, Amy Winehouse, ... Ci si può davvero cullare nei ricordi.

George Orwell

Per Lizzy, vivere nei pressi dell'abitazione del suo autore preferito, George Orwell, era di particolare importanza. Il suo romanzo distopico "1984" quest'anno ha di nuovo raggiunto un picco di vendite negli USA. Le sue inquietanti visioni del futuro, messe su carta nel 1948, cominciano ad avverarsi nel nostro tempo in forme sorprendenti e imprevedibili.

Animal Farm

In seguito a dei primi fallimenti nella carriera da scrittore, con questa favola politica incontrò il suo primo grande successo. È una satira del regime stalinista. Anch'io mi ricordo molto bene di questo racconto. Fu la prima opera letteraria che lessi in inglese. Il nostro insegnante di inglese azzardò un po' con noi principianti. La favola di Orwell si adatta bene, poiché usa delle frasi molto semplici e la chiarezza del racconto rende il testo di facile comprensione.

Homage to Catalonia

Questo è il titolo di una sua opera precedente. Durante la guerra civile spagnola, Orwell lavorò in Catalogna come giornalista per la BBC (British Broadcasting Corporation). Lizzy voleva prima parlarne con noi. Ma prima di tutto volevamo esplorare Hampstead Heath. È il più alto rilievo della città, 134 m sopra il livello del mare e 6 m più alto del culmine della croce sulla cattedrale di Saint Paul. Da questa collina si ha una splendida vista panoramica su tutta la Mega-City London. Heath è un antico termine per "brughiera". Significa che il paesaggio è stato lasciato nella sua forma originale. Questo immerso parco è quindi qualcosa di molto speciale, un paesaggio primordiale, un'eccezione al centro di una città cosmopolita.

Fine del giro

Lizzy aveva organizzato il giro in modo tale che finisse a casa sua. Non le appartiene, ma ha avuto la possibilità di affittarla a un prezzo ragionevole. Il centro dell'interesse era ovviamente la sala della musica con un pianoforte a coda Steinway and Sons.

"Ella elle l'a" (8.2)

Per darci il benvenuto, vi si sedette e cantò il grande successo di France Gall, un omaggio a Ella Fitzgerald, accompagnandosi con il pianoforte. È anche uno dei miei successi preferiti. Un'accoglienza davvero suggestiva. Poi mi chiese perché nell'ultima parte dei racconti londinesi non abbia menzionato la sua esecuzione di "Summertime" di Ella Fitzgerald, il bis che concluse quella serata. Douglas aveva improvvisato brillantemente un accompagnamento con la tromba che l'aveva sorpresa.

La spiegazione era più che semplice. Volevo chiudere la prima parte del libro con questa canzone, tuttavia, giacché il testo si trovava sull'ultima pagina, è stato accidentalmente tralasciato e quando il testo è stato convertito in PDF, non è stato stampato. Che seccatura. Ella elle elle l'a, elle l'a, ... Ella, questa cantante di talento, ce l'ha, ce l'ha, ... precisamente cet indefinissable charme, questo fascino inspiegabile, Ella ce l'ha. Ella elle elle l'a, elle l'a.

Da personaggio del romanzo

Lizzy aveva letto la prima versione dei racconti londinesi. Sono difatti passati molti mesi dalla pubblicazione a oggi. La distribuzione in giorni è più un principio compositivo che una sequenza cronologica dei fatti. Lizzy non era mai apparsa come personaggio letterario in un libro. Quando si è vista ritratta in un'opera letteraria per la prima volta, confessa, sono sorti in lei sentimenti molto strani. Nel 5° capitolo, il quale si concentra sul volo di Hess, Douglas ci ha presentato per la prima volta la sua partner.

Motivo dell'invito

Il vero motivo dell'invito di Lizzy, tuttavia, era che quasi all'inizio dei racconti si trovava una discussione circa le quattro libertà, la quale attirò molto la sua attenzione. La libertà dalla paura unita alla promessa di creare un mondo di pace senza armi, messo per iscritto anche nella Carta delle Nazioni Unite. Questo è stato il fulcro della discussione durante la nostra passeggiata a Hyde Park. La conclusione che traemmo dalla nostra discussione, fu che nella politica mondiale è risultato esattamente l'opposto. Lizzy ci chiese se avevamo riflettuto sul fatto che Orwell interpretò questa quarta libertà esattamente allo stesso modo. A partire dalle quattro libertà ha creato quattro ministeri. La libertà dalla paura; Freedom from Fear diventa il Ministero della Pace, Ministry of Peace. Lo stato dell'Oceania, cioè l'Impero britannico unito con il Canada, l'Australia e tutte le occupazioni d'oltremare, e gli USA hanno creato questo Ministero della Pace con l'obiettivo di creare un mondo senza minacce militari. Tuttavia, questo ministero è responsabile per le forze armate, per l'aviazione e la marina. Crea un continuo conflitto con l'Eurasia, il continente europeo da Lisbona a Vladivostok. E anche con l'Estasia che comprende la Cina e i Paesi dell'Estremo Oriente, incluso il Giappone. I responsabili forzano una guerra senza fine, a loro detta per mantenere il mondo in equilibrio. Così, invece di un mondo pacifico, si forma un mondo di conflitti infiniti, senza fine.

Confessione

Sia io che Houston dovemmo ammettere di aver sì letto "1984" di Orwell, tuttavia, questo passaggio con i quattro ministeri, lo avevamo o saltato o dimenticato negli anni. Ora, però, dopo che Lizzy vi aveva fatto riferimento, improvvisamente ci divenne chiaro quanto fossero attuali i pensieri di Orwell e quanto egli fosse lungimirante già a quei tempi. La tripartizione del mondo nell'occidente americano con l'Inghilterra e i territori inglesi d'oltremare, la possibile realizzazione del continente eurasiatico dominato dalla Russia, almeno si suppone che Putin abbia questo obiettivo; e la terza potenza mondiale Cina con la sua sfera d'influenza dell'Asia orientale. Ma poiché la Russia e la Cina hanno intuito la situazione e si sono conseguentemente alleate tra di loro, oggi per gli USA la situazione sta diventando sempre più difficile. Devono quindi combattere Russia e Cina, che rappresenta tuttavia una sfida enorme. Altrimenti non saranno l'unica potenza mondiale.

Frase decisiva

Lizzy dal suo canto confessò che rimase elettrizzata quando lesse nel nostro libro la frase: "Ma prima che Roosevelt potesse stabilire questa pace universale, la Pax Americana, "Mai più guerra", doveva entrare in guerra contro Hitler, cioè, paradossalmente, la guerra doveva essere allargata alla guerra mondiale".

Paradosso

Questo paradosso, secondo cui debba prima essere combattuta una guerra affinché si possa stabilire una pace eterna, è ancor oggi valido. Kim Jong Un sta lavorando su bombe nucleari e missili. Un colpo per annientarlo è pressoché inevitabile. Presumibilmente, anche l'Iran vuole costruire una bomba nucleare. Israele non vede altra via d'uscita se non quella di distruggere questo Paese. Putin vuole ripristinare il vecchio Impero sovietico e possibilmente portare l'intero continente europeo sotto la sua sovranità. Senza un confronto militare non si potrebbe impedirglielo, a detta dei falchi di Washington.

Sforzi di pace

Gli sforzi di pace sono in corso in tutto il mondo: in Afghanistan si vuole ristabilire la pace da 17 anni, in Siria, in Mali. Il Venezuela deve essere assolutamente invaso nel futuro prossimo, affinché si possano ripristinare condizioni pacifiche.

Bombe atomiche

In Giappone la pace si raggiunse solo con le bombe atomiche, motivo per cui Churchill le classificò come estremamente benefiche. "Con queste bombe abbiamo salvato milioni di vite umane". Con ciò intendeva dire che ulteriori combattimenti avrebbero provocato queste vittime. Pertanto, era molto orgoglioso del fatto che la bomba su Nagasaki portasse il suo nome: "littlefat man".

Peacemaker

La più grande bomba conosciuta all'epoca, la quale aveva destinato alla città di Mosca, venne da lui nominata "Peacemaker", "portatrice di pace". Ricordava quotidianamente al presidente Truman che l'avrebbe impiegata, prima ancora che i russi potessero costruire bombe nucleari. Ma ci devono essere state forze negli Stati Uniti che riuscirono a impedirlo. Se le intenzioni di Churchill fossero state rispettate, forse oggi le aziende americane avrebbero potuto estrarre senza pericoli le immense risorse minerarie e le materie prime di questo vasto continente.

Il Grande Fratello (8.3)

Lo stato totalitario e lo slogan "big brother is watching you", oggi, grazie al progresso tecnico, si è realizzato in modo molto più radicale di quanto Orwell avrebbe mai potuto immaginare. Ogni conversazione telefonica, ogni e-mail, tutto viene registrato a livello mondiale. Tutti sono localizzabili, ovunque ci si trovi. I droni telecomandati possono attaccare chiunque sia classificato come "nemico" o magari come terrorista. Errori grossolani e bombardamenti erronei su uno scuolabus con bambini in Yemen non hanno portato nemmeno a delle proteste.

L'occhio onniveggente

Ogni smartphone, PC, tablet, iPhone, ecc. ha una lente attraverso la quale il Grande Fratello può osservarti in ogni momento.

BBC

Orwell era un corrispondente della BBC. Riportava notizie sulla guerra civile in Catalogna. Ernest Hemingway e André Malraux erano suoi colleghi. Sapeva perfettamente quanto le notizie, soprattutto quelle riguardanti le zone di guerra, fossero manipolate e adattate per i giornali e per la televisione. La prima libertà proclamata da Roosevelt: Freedom of Speech, vale a dire la libertà di stampa, viene trasformata da Orwell nel Ministero della Verità, Mistry of Truth. Questo ministero stabilisce cosa debba valere come verità. È oltremodo responsabile per la diffusione e per la correzione della verità. Se gli eventi futuri fanno sì che una precedente verità venga considerata inaccettabile, questi devono essere corretti. Le persone divenute impopolari devono essere cancellate dalle fotografie. Coloro che in seguito svolgeranno un ruolo, verranno magari aggiunti nelle foto del passato. Tutte tecniche che conosciamo grazie alla Rivoluzione Russa, dove Trotskij era dapprima in prima fila ma venne poi oscurato, ecc….

Libertà di parola

Tutti penseranno alla libertà di stampa. Ed è così che di solito si è interpretata questa prima libertà. Tuttavia, dopo aver consultato Churchill, Roosevelt ha deliberatamente evitato quest'esatta formulazione. La libertà di stampa non riguarda i singoli cittadini. È un privilegio esclusivo delle élite a cui appartiene la stampa. Con libertà di stampa intendono quindi che possono scrivere quello che li aggrada, senza alcun riguardo per i fatti. Al contrario, l'ignaro cittadino sottintende che il giornalista possa riferire liberamente e senza censura fatti ed eventi, affinché la comunità possa farsi un'idea della situazione politica sulla base di queste informazioni oggettive e trarre delle conclusioni ragionevoli. La stampa avrebbe questa libertà. Tuttavia, il nocciolo della questione è che la stampa non vi è affatto interessata. Non vuole informare. Vuole fare politica. È il quinto potere, incontrollato e onnipotente. È indipendente dall'elettore e il suo potere è illimitato nel tempo.

Il Ministero della Verità

Non sono i fatti, né gli eventi, né le circostanze di fatto a determinare cos'è la "verità", bensì sono la stampa e la radio a stabilirlo. Poiché rappresentano l'unico portavoce, hanno un monopolio, come solo la chiesa con il sacerdote sul pulpito aveva in passato. Il luogo centrale, in cui confluiscono tutti gli annunci, è per Orwell il Ministero della Verità. Da qui si propagano al mondo tutte le menzogne, le distorsioni e le manipolazioni ordinate dallo Stato.

Neolingua – Newspeak

Per queste notizie c'è bisogno di una nuova lingua. Giacché le menzogne prescritte dallo Stato sono talvolta in contraddizione troppo diretta con ciò che si è sperimentato con i propri sensi, è necessario praticare il bispensiero "doublethink". Orwell lo spiega con il seguente esempio: se lo Stato introduce 2+2=3 per motivi importanti, restano comunque ancora ambiti in cui occorre calcolare 2+2=4; ad esempio statistica, costruzione di ponti, viaggi nello spazio... L'aspetto grandioso del bispensiero è che il cittadino impara a non individuarvi una contraddizione.

Esempio attuale

Houston contribuì con un esempio attuale. Applaudì con entusiasmo quando Lizzy spiegò questo esempio teorico e rise con approvazione. "Mi hai dato un'idea fantastica. Il bispensiero non è poi così inverosimile e siamo tutti già addestrati in questa direzione. Churchill viene celebrato come il solo che ha avuto il coraggio di agire contro Hitler. Egli medesimo sostenne che senza di lui non ci sarebbe stata la Seconda guerra mondiale. Avrebbe voluto chiamarla ufficialmente "La guerra di Churchill". D'altra parte, Hitler è ritenuto l'unico responsabile di questa guerra. Solo lui ha causato la lite ed è responsabile di tutte le conseguenze. A lui sono stati perfino imputati i bombardamenti angloamericani delle città tedesche, l'espulsione dei tedeschi dalla Prussia orientale, dalla Pomerania e dalla Slesia. Tutte queste sono solo conseguenze del suo attacco alla Westerplatte a Danzica". Il colpevole non è colui che ha ordinato il bombardamento delle città o l'espulsione di 14 milioni di tedeschi dai territori orientali, bensì Hitler, il quale aprì qui il fuoco.

Crimethink

Lizzy si inserì nuovamente nella discussione e criticò ciò che Houston aveva appena detto, questo sarebbe "crimethink", uno psicoreato. Nell'Oceania di Orwell non sarebbe stato ammissibile dire, né tantomeno pensare una cosa del genere. Il solo fatto di prendere in considerazione pensieri diversi da quelli previsti dal governo, è considerato un crimine. In questo caso, il crimine di Houston sarebbe quello di aver escluso il bispensiero e aver riconosciuto una contraddizione in Churchill, il quale rivendicò la guerra come un suo merito e al contempo incolpò in ultima istanza Hitler considerando la guerra un crimine.

Irresponsabile?

Un altro esempio di bispensiero è la constatazione di Churchill sul costo per lo sviluppo della bomba atomica: un miliardo di dollari. A suo parere, considerata la somma, sarebbe stato "irresponsabile" non impiegare quest'arma. Lo sviluppo dell'arma sarebbe così stato un inutile spreco di denaro dei contribuenti. Se viene invece impiegata e con essa uccisi 200.000 donne e bambini, allora il denaro è stato usato "responsabilmente".

Moral bombing

È la stessa logica del suo moral bombing, cioè il bombardamento moralmente giustificato delle città e delle persone che le abitano. In questo modo definì il primo bombardamento a tappeto di Mannheim. Nella distorsione dei termini, Churchill è innegabilmente il numero 1 e "la" figura luminosa nel nostro mondo oscuro.

Intenzione?

Dalla promessa "Mai più guerra" e dall'impressione a belle parole nella quarta libertà e nel § 8 della Carta delle Nazioni Unite, è derivato il più grande meccanismo di guerra e di armamenti, non solo nel romanzo di Orwell, bensì nel mondo odierno. È stato un incidente o l'inganno è stato intenzionale fin dal principio? Se gli obiettivi apparentemente tanto positivi fossero stati di fatto raggiunti, non sarebbe stato necessario organizzare il tutto in gran segreto e i popoli del mondo avrebbero dovuto essere inclusi nelle consultazioni. Non si può negare che con le 4 libertà e la Carta delle Nazioni Unite si vollero ingannare i popoli del mondo.

Libertà dei mari

Il 1° paragrafo della Carta delle Nazioni Unite sulla "Libertà dei mari" lo dimostra già. Nessuno si opporrà alla navigazione libera su tutti i mari del mondo, senza pirateria o rivendicazione di dazi doganali e tasse di transito da parte di qualsiasi confinante. L'accordo segreto aggiuntivo a questo paragrafo stabilisce che tutti gli Stati del mondo dovevano consentire libero accesso alle navi inglesi e americane; ma che questi stessi Paesi non avevano tale accesso nei mari rivendicati dall'Impero britannico e dagli USA.

Somalia

Tuttavia, nemmeno Inghilterra e America riuscirono a stabilire questa libertà dei mari al di fuori dei territori soggetti alla loro sovranità. Oggi c'è di nuovo la pirateria, ad es. al Corno d'Africa di fronte alla Somalia, la quale rende il passaggio difficoltoso persino per le navi britanniche e americane. Questo passaggio ha attualmente bisogno di protezione militare. Persino la Repubblica Federale Tedesca deve prendervi parte.

Il parallelo Europa (8.4)

Lo stesso imbroglio è stato pianificato con la fondazione dell'Unione Europea. Allorché Churchill la propose nel suo discorso a Zurigo, era chiaro che lo scopo di questa unione era di degradare i popoli di Europa in un protettorato. Ogni Nazione avrebbe dovuto rinunciare alla propria sovranità,

all'individualità culturale; l'egualitarismo assoluto era il motto. Le differenze tra gli europei avrebbero dovuto esistere solo nel loro numero di identificazione. "We will champion you", vale a dire trattamento preferenziale, appoggio, persino trattamento privilegiato al pari di una colonia della Corona.
Con ciò fu ulteriormente chiaro che l'Inghilterra non si considerava parte di quest'Europa, bensì si posizionava al di fuori di essa come potenza protettrice. Il punto più importante era che la Germania venisse messa in minoranza, affinché potesse essere contenuta. Il voto di Malta con 30.000 abitanti doveva avere lo stesso peso di quello della Germania con 80 milioni di abitanti. È quasi ironico che Churchill nel suo discorso di Zurigo abbia offerto questa assicurazione proprio alla Svizzera. Evidentemente riteneva possibile che gli svizzeri, i quali tengono così tanto alla loro sovranità, potessero cadere in quest'offerta.

La terza libertà

"Lizzy, ti sei occupata del romanzo di Orwell così intensamente, ora devi rivelarci anche in che tipo di ministero si trasforma la terza libertà, "Freedom from want", libertà dai desideri, dal bisogno, dai bisogni materiali?" La sua risposta fu: "Questo è il Ministero dell'Abbondanza "Ministry of Plenty". A questo proposito, Norman Rockwell ha dipinto una tavola apparecchiata riccamente, con una famiglia felice, con genitori, nonni e bambini, così come viene comunemente rappresentata per la festa del Thanksgiving-Day con il tradizionale tacchino. Una vita da paese della cuccagna. Al contrario, per Orwell questo Ministero dell'Abbondanza è sinonimo di carenze pianificate. Impone sanzioni e pianifica le carestie, poiché gli indigenti e i senzatetto sono più facilmente opprimibili rispetto ai cittadini benestanti. In effetti, oggigiorno, nei nostri ricchi Paesi industrializzati abbiamo abbastanza povertà degli anziani e disoccupazione.

Intere aree sono in declino, la Rust Belt negli Stati Uniti, l'insolvenza di intere città, solo a Los Angeles ci sono 60.000 senzatetto. Probabilmente, questo viene controllato dalle più alte autorità, il crollo dell'infrastruttura potrebbe essere volontario. Almeno Orwell la vedrebbe così.

Freedom of worship

Tutti pensano alla libertà di religione. Invece è proprio quello che viene negato. "Libertà religiosa", qualunque cosa si voglia, intende che la religione e tutte le confessioni vengono negate. La Chiesa ha dei dogmi, un cristiano non può adorare qualsiasi cosa lo aggradi. Giacché la religione è vista come intollerante, deve essere combattuta. La libertà di culto segue piuttosto il detto di Voltaire "Egorgez l'infâme", torcetele il collo, per la precisione alla Chiesa cattolica. Questa è una delle principali richieste degli Illuminati e dei più alti ordini della massoneria.

Ministero dell'Amore

Da questa seconda libertà deriva la nuova etica, la nuova morale, il Ministero dell'Amore. È il culmine della distorsione di tutti i valori umani tradizionali. Nella realtà dello Stato orwelliano è, infatti, la camera di tortura del regime. Ogni persona ribelle e disadattata dello Stato vi entra affinché possa imparare a comportarsi e a pensare secondo le prescrizioni del Partito. Smith, il protagonista del romanzo, e la sua amante provano in prima persona questa prigione. Orwell la descrive in maniera talmente drastica che non voglio entrare nei dettagli", disse Lizzy.

Proposito

Houston e io avevamo ancora dei tetri ricordi al riguardo. Erano coinvolti dei ratti. Giurammo che nel prossimo futuro avremmo letto nuovamente il romanzo "1984", e per la precisione in modo scrupoloso.

Cambio d'aria (8.5)

L'immersione nella cupa visione futura di Orwell aveva davvero buttato giù il nostro morale e ci aveva rattristato, soprattutto perché la realtà attuale si avvicina così tanto ai presentimenti di Orwell. Avevamo bisogno di aria fresca per distrarre i nostri pensieri. Due passi all'aperto e già ci sentimmo meglio.

Mezzogiorno / Ora di pranzo

Inoltre, era arrivata l'ora di mangiare. In questo quartiere c'erano diversi ristoranti israeliani. Lizzy vi si recava regolarmente e il prossimo era facilmente raggiungibile in pochi minuti a piedi. Lizzy mangiava volentieri kosher. Era ebrea, dettaglio che abbiamo scoperto lungo la strada per il ristorante.

Ebrea ortodossa?

Non era strettamente ortodossa. Ci confessò che talvolta mangia volentieri un panino al prosciutto, quindi carne di maiale. Tuttavia, in casa pratica una rigida separazione tra i piatti per i prodotti a base di latte e quelli per le pietanze a base di carne. "Il vitellino non deve essere cucinato nel latte di sua madre", questo è quello che dice la Bibbia ed è rimasto profondamente inciso nella memoria di Lizzy. Pertanto, anche la panna nel sugo dell'arrosto è per gli ebrei inammissibile. Anche il pesce e la carne non devono essere mescolati. In realtà questo non lo facciamo neanche noi, benché non sia una legge scritta.

Cucina internazionale

Gli ebrei, i quali vivono sparsi in tutto il mondo, hanno adottato le abitudini alimentari da tutti i popoli. Hanno una cucina estremamente ricca e variegata. Il falafel e l'hummus li hanno ripresi dagli arabi. Infatti, nei Paesi arabi vi è una moltitudine di legumi, lenticchie e piselli, quasi inimmaginabile nel nostro Paese, e lì sono molto amati. Il gran numero di ebrei, i quali hanno vissuto a lungo a Vienna, hanno scoperto il loro strudel. C'è il pane basso, il bagel, la pita, ... suggerimenti dall'Europa dell'est, dalla Polonia e dalla Russia. Il nostro morale si era già sollevato menzionando queste prelibatezze e presto avevamo anche raggiunto il ristorante di Lizzy.

Gioia di vivere

Gli ebrei sono accostumati ai giorni di digiuno, ma la loro religione è orientata piuttosto alla gioia di vivere e di certo non all'ascetismo. Il cibo è sontuoso e non mancano anche grandi quantità di vino.

La madre di Lizzy

Mentre attendevamo il cibo, Lizzy ci raccontò della sua famiglia. Sua madre è originaria di Praga, città che già nel Medioevo era un importante centro della vita ebraica. Ebbe la possibilità di studiare già al tempo, cosa che per le ragazze dell'epoca era un privilegio. Studiò all'Università di Marburgo, dove conobbe Hannah Arendt. Diventò una delle sue amiche più fidate e insieme assistevano alle lezioni di Heidegger.

Separazione

Allorché Heidegger nel 1933 si unì al partito e divenne rettore dell'Università di Friburgo, Hannah Arendt si separò da lui e si impegnò sempre di più per le questioni ebraiche. Il rapporto con la madre di Lizzy rimase intatto, ma le loro vie di fuga si separarono. La madre di Lizzy partì presto con i genitori per il sud della Francia, dove i genitori possedevano una casa di vacanza. E per la precisione ancor prima della guerra, subito dopo che i tedeschi invasero Praga.

Internamento

Hannah Arendt fuggì attraverso la Francia solo nel 1939, quando la guerra era già iniziata. In Occidente inizialmente non ci furono atti bellici, ma i rifugiati tedeschi vennero internati in quanto membri di una nazione nemica. "In Germania vado a finire in un campo di concentramento, nella Francia amica finisco in un campo d'internamento. Che mondo assurdo", avrebbe detto lei stessa. In seguito riuscì a fuggire dal campo d'internamento e poté proseguire la sua fuga attraverso la Spagna, in direzione degli USA.

Sanary-sur-Mer

Per la madre di Lizzy e i suoi genitori in un primo momento non fu problematico a Sanary. Ivi incontrarono un'intera colonia di artisti. Thomas Mann e tutti i suoi figli, Klaus, Erika e Golo, il famoso scrittore Feuchtwanger, il pittore Max Ernst, i fratelli Stefan e Arnold Zweig, Joseph Roth, il regista teatrale Erwin Piscator, Egon Erwin Kisch; per un breve periodo passò di qui anche Berthold Brecht, il quale emigrò poi negli USA via

Finlandia, Mosca, Vladivostok. La madre di Lizzy e i suoi genitori avevano allacciato legami particolarmente stretti con Franz Werfel, con il quale avevano già fatto conoscenza nella loro città natale, Praga.

Campo d'internamento

Tuttavia, con lo scoppio della guerra anche questi "vacanzieri", essendo tedeschi, vennero considerati come nemici stranieri. Il loro esilio vacanziero terminò e furono internati. In seguito alla capitolazione della Francia, il governo di Vichy cooperò con la Germania nazista e la minaccia della deportazione gravava sugli ebrei. Ciò malgrado, tutti riuscirono a fuggire, talvolta attraverso la Spagna e il Portogallo oppure attraverso la Svizzera. La famiglia di Thomas Mann fuggì in California. Stefan Zweig riuscì a fuggire in Sud America. I genitori di Lizzy e i Werfel andarono a New York. Così, il rapporto tra le due famiglie continuò a esistere anche durante la guerra.

Franz Werfel (8.6)

Questo scrittore è celebre per il suo romanzo "Un posto in paradiso". Inoltre, vi è anche una nota versione cinematografica del miracolo di Lourdes, tratta dal suo romanzo "Il canto di Bernadette". L'epopea nazionale degli armeni "I quaranta giorni del Mussa Dagh", in cui viene descritta la marcia della morte degli armeni nella Prima guerra mondiale, dalla loro patria in direzione di questa montagna a 1.000 km di distanza nella Siria del nord. La sua ultima opera, pubblicata solo postuma, porta il titolo "Il pianeta dei nascituri". Si tratta di un romanzo utopico, descrivente lo stato degli abitanti della terra tra 100.000 anni.

Questo romanzo, dice Lizzy, ha suscitato il mio interesse per i romanzi utopici.

Letteratura comparata

Dapprima Lizzy avrebbe voluto studiare comparatistica. Il paragone tra il romanzo di Werfel "Il pianeta dei nascituri" e "Brave new world" di Aldous Huxley e poi appunto l'orwelliano "1984", avrebbe dovuto essere il tema della sua dissertazione di dottorato. Ma poi preferì la carriera da cantante e pianista.

Sorprendente

Lizzy citò alcuni passaggi de"Il pianeta dei nascituri", i quali sono particolarmente inusuali se si considera che sono stati messi su carta nel 1945. Werfel scrive: i tedeschi si adoperano da generazioni per essere "amati". Purtroppo non riescono nel loro intento. Tuttavia, dopo la Seconda guerra mondiale, i tedeschi si spingono al vertice dell'umanità e della benevolenza. Se qualcuno dovesse usare la parola "sentimentalismo umanitario", verrebbe arrestato per 48 ore. Sono gli inventori di un'etica ingrata, di un'invadenza disinteressata col fine di salvare il mondo intero. Werfel al riguardo denota in modo beffardo: quindi sono vere e proprie pecore in abiti da pecora. Eppure, vengono tuttora comunemente considerati lupi.
Una seconda interessante previsione: le uniche religioni che sopravvivranno tra 100.000 anni sono l'ebraismo e il cattolicesimo.
Sarebbe interessante discutere sul come sia arrivato a questa affermazione.

Guerra atomica

Sorprendentemente Werfel parla di un'ultima terza guerra mondiale, condotta con le bombe atomiche. In seguito, però, all'umanità diventa chiaro che fare guerre è un'assoluta impossibilità. Escludendo il piccolo incidente, dove alcuni giovani adolescenti rubano bombe atomiche dai musei e causano così una catastrofe, la pace è effettivamente mantenuta.
Werfel per cui non cade nelle menzogne di Churchill e Roosevelt, i quali diffondono un "mai più guerra" e promettono un disarmo totale, nel mondo intero.

Alma Mahler – Gropius – Werfel

Anche la moglie di Werfel espatriò a Sanary. Era considerata la viennese più bella. Per di più molto talentuosa. Sapeva dipingere e disegnare come suo padre, il noto paesaggista Schindler. Inoltre, componeva. Alcune delle sue poesie si sono conservate.

Gustav Mahler

Dopo le emozionanti esperienze con il famoso amante, Alexander von Zemlinsky, una storia d'amore con il pittore Gustav Klimt, qualche flirt con Oskar Kokoschka, all'età di 23 anni, decise infine di sposare un compositore, il quale all'epoca era già famoso in tutto il mondo, Gustav Mahler. Le relazioni con Arthur Schnitzler, Hugo von Hoffmannsthal, Alban Berg non erano escluse.
Gustav Mahler le vietò di comporre. Era a suo avviso una cosa da uomini. Sorprendentemente, rispettò questo divieto. Il secondo matrimonio fu con l'architetto Gropius, celebre in tutta Europa. E infine con lo scrittore Franz Werfel. Tutti e tre i mariti erano ebrei, anche quasi tutti i suoi precedenti

amanti, ed ella era un'ardente antisemita. Una combinazione interessante. La madre di Lizzy riferì alla figlia che il tempo trascorso con i Werfel a Sanary non fu mai noioso.

Capitale della letteratura tedesca

Siccome a Sanary erano presenti così tanti scrittori interessanti, la città fu temporaneamente nominata capitale della letteratura tedesca. A quei tempi, gli scrittori potevano in parte ancora pubblicare i loro libri a Zurigo. Spesso sostenevano opinioni alquanto discordanti. Sarebbe interessante mettere a confronto il romanzo di Heinrich Mann "Il suddito" con quello del fratello Thomas Mann "Altezza Reale". Un paragone creativo sarebbe anche quello tra il romanzo di Feuchtwanger "Jud Süß" e il film di Veit Harlan, il quale ancor oggi può essere mostrato solo con il commento. Si dovrebbe leggere anche il principio di questa sconvolgente storia, per la precisione la breve novella di Wilhelm Hauff.

I migliori di tutti i mondi

I romanzi utopici si occupano per lo più di visioni di Stati, nei quali si affrontano tutti i problemi del mondo reale. Huxley risolve i problemi sociali adattando la fisicità delle persone, subito dopo la nascita, allo status a loro destinato. La casta dei sovrani è formata dagli alfa. I beta fanno parte della casta elevata… Gli epsilon, i braccianti, sono nella casta più inferiore. Immediatamente dopo la nascita, viene loro inflitto un danno cerebrale, cosicché essi non possano aspirare a un'ascesa. "Come sono felice di essere un epsilon". Questo è il loro slogan, quello con il quale vengono indottrinati. Tutti i cittadini sono soddisfatti del loro status. Inoltre, viene somministrato un ormone della felicità a tutti, una droga, il Soma, il quale contribuisce alla stabile armonia dell'intero

Stato. Uno Stato senza stupefacenti per il popolo a quanto pare non funziona.

Una società senza classi

Anche il comunismo aspira di fatto a uno Stato ideale. Una società senza classi, in cui non ci sono più differenze di classe, e dove ognuno può vivere secondo le sue esigenze. Questa era la promessa del marxismo. In verità poi la realtà aveva tutto un altro aspetto.

Nazionalismo

In opposizione al comunismo internazionale, il fascismo s'intendeva come professione di appartenenza etnica: "Tu non sei niente, il tuo popolo è tutto". Da questo punto di vista, tuttavia, il diritto individuale probabilmente decade.

Politéia

Platone aveva già tentato di creare uno Stato ideale. Egli considerava necessarie tre classi: il ceto contadino, ossia i lavoratori, i quali hanno la responsabilità di garantire il nutrimento per la popolazione. In secondo luogo: il ceto militare, ossia i guerrieri, i quali hanno il compito di proteggere la popolazione dagli attacchi esterni, e in terzo luogo: i filosofi, cioè le persone che dispongono di adeguati mezzi intellettuali per governare uno Stato in modo ragionevole. Tuttavia, anche lo Stato di Platone non può fare a meno di menzogne statali.

La repubblica degli eruditi

Nell'Illuminismo si ripresero le idee di Platone. L'atteggiamento nei confronti delle monarchie era molto critico. La brama di potere dei monarchi è risultata troppo spesso in guerre fatali. Nella Rivoluzione francese e già qualche anno prima, nella Dichiarazione d'Indipendenza degli Stati Uniti, si era cercato di fondare uno Stato senza monarca, una sorta di governo popolare, una democrazia.

Il regno di Dio

Il desiderio di uno Stato ideale è in realtà antichissimo: "Venga il tuo regno", recita il Padre Nostro. Questo desiderio è identico a quello della più antica preghiera ebraica, il Kaddish. Il regno di Dio, nel quale non c'è ingiustizia alcuna, nessuna malattia e nessuna sofferenza, è per gli ebrei un'aspirazione millenaria. La venuta del Messia, il quale dovrebbe realizzare questo stato, è ancora attesa dagli ebrei. Costoro non accettano il Messia dei cristiani. Non corrisponde alle loro idee.

L'intelligenza degli ebrei

"Wow!" Rimasi esterrefatto dalla vastità culturale di Lizzy. Era un flusso d'informazioni al pari di una lezione di un professore universitario. Eppure non era una storica, né professoressa di letteratura, bensì un'artista. Da dove deriva questa straordinaria memoria? Glielo chiesi direttamente. Dovette ridere. Poi ammise che in passato si era già chiesta da dove derivassero queste enormi differenze nell'intelletto delle persone.

La religione dei libri

Pensava ci fossero svariate ragioni. Sicuramente nei geni, ossia nel patrimonio ereditario, vi sono dei determinati fattori adibiti a questa funzione. Tuttavia, l'allenamento di precise funzioni cerebrali rappresenta un altro fattore. È come nello sport. Senza un costante allenamento, perfino un talento naturale non sarebbe in grado di raggiungere i migliori risultati nella corsa, nel salto in alto, nello sci, tennis, pugilato, equitazione, ecc..Lo stesso vale per il pensiero. Anch'esso deve essere allenato, e precisamente fin dalla più tenera età. Tra noi ebrei, questo si ottiene attraverso l'assidua lettura della Scrittura, cioè la Bibbia. Un ebreo, il quale si reca regolarmente alla sinagoga, impara gradualmente l'intera storia del popolo ebraico, dalla creazione del mondo e di Adamo ed Eva, passando per il diluvio universale fino a Mosè e all'Esodo dall'Egitto, fino a Re Davide e Salomone. Infine, apprende anche della cattività babilonese. Inoltre, ciò crea l'identità della comunità, benché i membri debbano vivere tra altri popoli. Persino un ebreo che si professa ateo, cioè contesta l'esistenza di Yahweh, conosce la Bibbia alla perfezione, come ad esempio Sigmund Freud.

Il Corano

Al riguardo mi sovvenne un parallelo, vale a dire il Corano. Un musulmano pio dovrebbe imparare tutto il Corano a memoria, addirittura nella lingua originale, l'arabo classico. Questa è la lingua araba così com'era parlata 1400 anni fa, ai tempi di Maometto. Fortunatamente, il Corano non è così esteso come l'Antico Testamento. Comprende solo 114 sure. Ciononostante, impararlo a menadito rafforza enormemente la memoria. Naturalmente, nelle nostre scuole moderne non c'è niente di più malvisto dell'imparare a memoria. Anche l'allenamento mentale, come nella matematica, viene schernito. A quale scopo si dovrebbero imparare le quattro operazioni aritmetiche di base, addizione, sottrazione, moltiplicazione e divisione? Un piccolo computer è in grado di fare tutto senza sforzo alcuno. Il nostro intelletto sta diventando sempre più superfluo.

Ebraico antico

Del resto, non solo i musulmani, ma anche gli ebrei dovrebbero saper leggere il loro libro sacro nell'antica lingua ebraica. Lo yiddish è stato per molto tempo una lingua colloquiale, creata dall'ebraismo moderno attraverso un mix artificiale di radici di parole dall'ebraico antico e neologismi moderni. Lo yiddish, il quale si sviluppa a partire dall'alto tedesco medio, era indesiderato in seguito alle esperienze degli ebrei durante il periodo nazista. La Sacra Scrittura, però, viene tuttora letta in ebraico nelle sinagoghe.

Canti yiddish

La domanda che sorge è se lo yiddish si estinguerà completamente. Sarebbe un peccato, perché c'è una vasta letteratura in questa lingua e un'infinità di canti incredibilmente belli, originari soprattutto dell'Europa orientale, degli "Shtetl". Magari almeno questi canti sopravvivranno, anche se in futuro nessuno capirà più il testo.

Il Messia

Dopo la mia interruzione, Lizzy continuò con la sua narrazione. Per voi cristiani, disse, è chiaro che Gesù è il Messia, il Cristo, il Salvatore. Malgrado ciò, il suo regno millenario, a oggi, non è ancora venuto, e da 2.000 anni aspettate il suo ritorno. Invano, ancora e ancora.

Il Messia ebraico

E tu cosa ne pensi Lizzy, mi azzardai a chiedere.
Non sono un'ebrea ortodossa, anzi piuttosto atea. Ma ora che gli ebrei sparsi in tutto il mondo hanno di nuovo il loro Stato e Gerusalemme è di nuovo la loro capitale, almeno Trump l'ha

confermato, non escludo più la venuta di un Messia ebraico. Egli costruirà il Terzo Tempio, farà di Gerusalemme la sua capitale e da qui "governerà tutte le nazioni con scettro di ferro. Tutti i popoli della terra si inchineranno a lui e gli offriranno dei doni". Perlomeno questo si dice nella Scrittura.

La Cupola della Roccia

"E cosa ne sarà dei santuari musulmani, la Cupola della Roccia e la moschea al-Alqsa?"
"Saranno distrutti o ricostruiti altrove, pietra dopo pietra". Questo è il parere dei più autorevoli sionisti. A ogni modo, questo comunque non avrà più alcuna importanza, poiché quando il Messia venuto governerà il mondo intero, ci sarà una sola religione e un solo Tempio, in cui lui, il Messia, stabilirà la sua dimora.

L'Anticristo

Tuttavia, quest'immagine del Messia ebraico corrisponde perfettamente alla descrizione dell'Anticristo, come lo descrissero gli Apostoli, obiettai io, Cristo non governerà con uno scettro di ferro, bensì con l'amore.

Mahdi

A questo punto anche Houston si inserì nella discussione. Queste domande escatologiche sono opache, disse. I musulmani credono nel ritorno del Mahdi. Anche i più alti esponenti politici dell'età moderna, ad esempio Ahmadinejad in Iran, hanno annunciato ufficialmente di essere in attesa del prossimo ritorno del Mahdi. Secondo gli insegnamenti dei profeti, questo Mahdi verrà accompagnato da Gesù ed entrambi combatteranno l'Anticristo.

Maitreya

I buddisti, dal loro canto, credono nella venuta di Maitreya, una reincarnazione del Buddha, il quale fa la sua apparizione sulla terra ogni 13.000 anni. È incredibile, nel nostro mondo materialista, vedere quanti articoli a questo proposito vengano pubblicati su internet e YouTube, e vedere quanti milioni di persone siano interessati a questi contenuti.

Interruzione

Dovetti interrompere Houston ancora una volta. Per l'amor di Dio, chi sarebbe adesso questo Mahdi e questo Maitreya? Mi serve di nuovo internet.

Il fratello di Lizzy

A questo punto Lizzy ci sorprese ancora una volta con la notizia che il suo fratello minore sarebbe venuto a Londra nei prossimi giorni e lo avremmo conosciuto. La madre di Lizzy si era sposata dopo la fuga a New York, per l'esattezza con il figlio di un rabbino, i cui antenati erano emigrati negli Stati Uniti già durante il periodo zarista, a causa dei pogrom. Allo stesso modo, un ritorno in Europa dopo la fine della guerra era fuori questione per i genitori. Suo padre era ormai un americano naturalizzato e sua madre non voleva tornare nella sua città natale, Praga, poiché questa era occupata dai sovietici, quindi aldilà della cortina di ferro. Lizzy nacque a New York e due anni arrivò anche un fratello. Nel frattempo entrambi i genitori non sono più in vita.

Josef

Il fratello si chiama Josef, come il figlio prediletto di Giacobbe, il quale, per gelosia, fu venduto dai suoi fratelli in Egitto. È molto orgoglioso di essere ebreo e anche molto fiero dei quattromila anni di storia del suo popolo. Tuttavia, rappresenta quasi un'eccezione, in quanto riconosce Gesù come il Messia, è quindi uno dei rari "ebrei messianici". "Ci aspettano delle discussioni interessanti" disse Houston.

La banalità del male

Discutemmo ancora circa il saggio di Hannah Arendt "Eichmann a Gerusalemme" e il concetto di "banalità del male". In seguito alla fuga a New York, la madre di Lizzy aveva riallacciato i contatti con Hannah Arendt, la quale aveva una cattedra all'Università di Yale.

Cosa s'intende per banale?

Con questo concetto, Hannah Arendt si fece molti nemici, specialmente tra gli ebrei. Costei intese che Eichmann, il quale fu responsabile della soluzione finale, quindi della morte di milioni di ebrei, personalmente non era neppure antisemita. Aveva studiato ebraistica, conosceva molto bene la storia giudaica e nutriva un interesse personale per la letteratura ebraica. Con grande sgomento del Gran Muftì a Gerusalemme, organizzò l'espatrio di 100.000 giovani israeliani. Eseguiva gli ordini di annientamento perfino contro i suoi sentimenti, solo perché credeva che lo sterminio fosse necessario al fine di salvaguardare il suo popolo. E poi era un comando. Pertanto, non aveva rimorsi. Persino nella gabbia di vetro davanti alla corte di Gerusalemme si sentiva e si dichiarava "innocente".

Il male radicale

Quindi il male radicale non esiste affatto? Chiunque infranga le leggi di Dio è da considerarsi un povero malato mentale che ha bisogno di aiuto psicoterapeutico? L'importante teologo e psichiatra Drewermann è di quest'avviso. E in senso analogo anche Papa Francesco, quando lava i piedi dei criminali che non credono in Gesù, così come Gesù lavava i piedi dei suoi discepoli prima dell'Ultima Cena? I prigionieri hanno bisogno di pietà e guarigione, non di una punizione.

La crocifissione

La crocifissione, al contrario, è la prova inconfutabile dell'efficacia del male assoluto. Quando un uomo che fa solo del bene, guarisce i malati, esorcizza i demoni e proclama la parola di Dio, viene condannato dal sommo sacerdote per blasfemia e viene consegnato al governatore Ponzio Pilato per essere crocifisso, allora diventa chiaro che il Dio di questo mondo è Satana, l'anti Dio che nega il dominio del vero Dio.

Da Antonio (8.7)

L'incontro si svolse presso il ristorante di Antonio. Il tema della serata era la riconquista dell'Italia. Quindi la continuazione delle descrizioni di Antonio circa le guerre di Mussolini, la sua guerra parallela. Cosa che ci aveva già preannunciato durante la serata da Cynthia.

Ospiti

Houston, sorprendentemente, aveva invitato anche John alla serata. Siccome i soldati americani rappresentavano il contingente principale durante la liberazione dell'Italia dal fascismo, egli presunse che un americano non sarebbe stato fuori luogo a questo proposito. In seguito, la sua supposizione venne anche confermata, allorché egli, inaspettatamente, contribuì con un racconto sulla riconquista dell'Italia.

Polacchi esiliati

Erano presenti anche Miroslav, colui che declamò in maniera così interessante la storia europea delle case reali ai tempi di Enrico VIII, e sua moglie Mila, la quale aveva presentato il rapporto polacco-tedesco nella sua città natale, Cracovia, da un punto di vista molto interessante, quello della gente comune.
Così, per la prima volta, vennero riuniti 10 narratori di racconti da Londra, proprio come nell'originale storico del Decamerone di Boccaccio.

Pietanze

Vi erano pietanze à la carte. Giuseppe, che conoscevamo già, serviva ufficialmente come cameriere, e il cuoco Federico si faceva vedere spesso alla tavolata. I bevitori di vino rosso optarono per il Chianti e il Bardolino. Lizzy preferì un dolce Marsala. Come vino bianco vennero serviti il Frascati e l'Orvieto. La carta dei vini conteneva perfino il sensazionale Zibibbo siciliano.

Piacere senza rimorsi

Già solo leggendo il menù veniva l'acquolina in bocca. C'era: ossobuco, saltimbocca, bruschette, polenta, bresaola, gnocchi, gamberi, zampone, involtini di vitello, gorgonzola, mozzarella, zuppa di pesce, ...

Conversazioni a tavola

Durante la cena non vi furono dei lunghi discorsi. Le conversazioni più vivaci ruotavano solo attorno all'ambito personale. Ma poi Antonio iniziò con il suo racconto su come l'Italia venne riconquistata dagli Alleati.

Incertezze

Gli Alleati presero in considerazione diverse possibilità al fine di forzare la "Fortezza Europa". Approdare sulla costa atlantica o fare irruzione attraverso la Manica era considerato troppo rischioso a causa del Vallo Atlantico. Sembrava più facile invadere passando dal Mediterraneo, attraverso la Grecia, la Sicilia o la Sardegna. Si optò poi per lo sbarco in Sicilia, essendo questa la via mare più breve dalla Tunisia. L'attraversamento del mare era la parte più vulnerabile dell'invasione, poiché le navi relativamente lente potevano venire facilmente colpite e affondate dagli aerei, molto più veloci.

Manovra diversiva

Naturalmente era anche importante che il nemico venisse ingannato circa il luogo di sbarco, cosicché non vi installasse le sue principali forze militari. Quindi si gettò un cadavere in mare, il quale aveva addosso dei documenti segreti, e questo fu scorso sulle coste dell'Italia meridionale. I documenti dicevano che l'approdo sarebbe avvenuto in Sardegna. Probabilmente Hitler ci cascò, perché allo sbarco in Sicilia ci fu relativamente poca resistenza.

Preparazioni

Lo sbarco in Sicilia era stato preparato da tempo in modo minuzioso dagli americani. La mafia siciliana aveva stretti legami con quella americana, la quale si era sviluppata a New York partendo proprio da quella siciliana. Il più grande merito riconosciuto a Mussolini era quello di aver sradicato la mafia in Sicilia, cosa che mai nessuno prima d'ora era riuscito a fare. O per meglio dire, aveva tolto di mezzo tutti i capi eminenti, ma le strutture più profonde, cioè le loro famiglie ampiamente ramificate, sussistevano ancora. Furono contattati dai partigiani infiltrati e cooperarono prontamente con i soldati americani.

Lucky Luciano

Era l'uomo più importante, il boss dei boss. Si fece notare già da giovanotto a causa di taccheggio ed estorsione ai danni dei compagni di classe della sua scuola. Solo un compagno di classe, Meyer Lansky, si oppose e dimostrò in un incontro di boxe che poteva competere con Lucky l'attaccabrighe. Costui rimase talmente colpito che lo scelse come suo socio. Giacché Meyer Lansky era ebreo, la mafia newyorkese venne soprannominata "Kosher Nostra", richiamando "Cosa Nostra".

La conferenza di John

Qui subentrò John. Raccontò la storia di Lucky. A 14 anni vinse 244 dollari, da qui il suo nome Lucky, fortunello. Dopo aver abbandonato la scuola, trascorse molto tempo in un riformatorio. Nel 1915, assieme a Frank Costello, venne cacciato dal teatro per teppismo. Nel 1916 finì in prigione per 6 mesi per traffico d'eroina. Nel 1917 avrebbe dovuto prestare servizio militare. Si fece contagiare volontariamente con la clamidia, una malattia infettiva degli organi sessuali. La sparatoria di massa con Lansky fu spettacolare. Nel 1925 ci fu un rapimento. Nel 1936 fu condannato a 30-50 anni e trasferito in un penitenziario. Tuttavia, godeva di un trattamento preferenziale, poiché anche dalla prigione poteva continuare a gestire le sue relazioni e i suoi affari esterni. Anche Roosevelt lavorò con lui in segreto, perché egli riuscì a incassare enormi doni monetari. A questa Kosher Nostra fu autorizzata la costruzione di bordelli di lusso sulla spiaggia di Varadero a Cuba, e a Las Vegas quasi tutti i Grand Hotel appartengono a loro. Questo Luciano venne rilasciato

affinché attivasse i suoi contatti in Sicilia. La liberazione ufficiale avvenne nel 1946, dopo la guerra di Napoli, quindi 10 anni dopo l'inizio della detenzione, fissata a 50 anni. C'è un interessante romanzo di Jack Higgins dal titolo "Luciano", nel quale si racconta la sua vita.
Celebre è anche la sua dichiarazione allorché fu invitato a un'udienza in tribunale e avvertì il suo amico Franklin Roosevelt: "Frankly, mywitnesses are prostitutes, madams and heels", ossia: i miei testimoni sono prostitute, maitresse e figli di puttane.
Il risultato del coinvolgimento della mafia nella riconquista della Sicilia è che la mafia eliminata dal duce, risorse più potente che mai.

Continuazione della conferenza di Antonio

Approvò le osservazioni di John e in aggiunta evidenziò anche che la mafia siciliana aveva vissuto un vero rinascimento e si era affiliata perfino con la camorra e Cosa Nostra. Inoltre, osservò che è una caratteristica della politica americana quella di allearsi con i criminali e addirittura con i terroristi. È stato ufficialmente ammesso che Osama bin Laden fu addestrato a terrorista dalla CIA e dotato di denaro e armi. A quel tempo però, venne impiegato contro l'Unione Sovietica, la quale era implicata in conflitti con i signori della guerra in Afghanistan.

IS in Siria

Antonio era anche a conoscenza dell'illecita invasione della Siria da parte degli USA, per un presunto combattimento contro l'IS, in realtà hanno addestrato l'IS, dato loro armi e finanziamenti affinché questi potessero offrire paghe generose ai mercenari di tutto il mondo. Così, soprattutto i giovani provenienti dai Paesi poveri, dal Nord Africa e dalla

Tunisia, arrivarono a frotte in Siria per combattere, poiché avrebbero ricevuto una lauta paga. A Bashar al-Asad non piacevano gli americani, pertanto questi volevano toglierlo di mezzo. Ma la guerra importata venne spacciata per guerra civile, in cui il popolo voleva conquistare la libertà e la democrazia.

Hillary Clinton

Anch'essa dichiarò apertamente di approvare lo Stato Islamico, l'IS, poiché si opponeva a Bashar al-Asad. Netanyahu e il suo Ministro della difesa Lieberman hanno perfino ammesso di sostenere l'IS finanziariamente e in termini di armi, proprio per lo stesso motivo.

Ursula von der Leyen

A questo punto, io stesso dovetti fare un'annotazione. Il Ministro della difesa tedesco ritiene importante continuare i combattimenti in Siria, anche a spese del popolo siriano, affinché il dittatore Asad, il "macellaio del suo popolo", venga eliminato. Se le truppe americane dovessero ritirarsi ora, sussisterebbe il pericolo che i siriani fuggiti ritornino a milioni e ricostruiscano il loro Paese; in questo caso, tuttavia, Asad potrebbe rimanere al potere, poiché si teme che potrebbe essere eletto dal popolo siriano in un'ipotetica elezione democratica, cosa che i politici informati e politicamente esperti ritengono molto probabile, e deve essere impedita a ogni costo. Ma perché mai?

Antonio continua a raccontare

Per nulla infastidito dalle frequenti interruzioni, Antonio proseguì il suo racconto. Riferì che Taranto venne conquistata dal 10/07 al 17/08/1943. Questa città venne scelta perché poco fortificata. L'operazione venne denominata Husky. A Siracusa, vi sarebbero stati 470.000 soldati tedeschi, sotto il generale Kesselring. Uno sbarco qui sarebbe sicuramente fallito.

Il lavoro preparatorio della mafia, inoltre, aveva fatto sì che i soldati italiani non avessero più interesse nel difendere la Sicilia. Nella maggior parte delle città costiere, gli Alleati potevano entrare senza dover combattere.

Non vogliamo entrare nei dettagli dell'invasione dalla Tunisia alla Sicilia.La parola chiave "Operazione Husky" lascia intendere ogni dettaglio.

Comunque, il fallimento delle truppe italiane, e sì, perfino il rifiuto delle truppe italiane e dei loro generali a combattere, fu più che palese. La mafia aveva fatto un bel lavoro preliminare tutto sommato. Anche l'intervento delle truppe dell'esercito tedesco sotto il comando del generale Kesselring non servirono più a nulla. La superiorità degli Alleati in mare e soprattutto in aria era semplicemente ineguagliabile. Un'armata internazionale si confrontò con un esercito tedesco ridotto a 60.000 soldati. Sì, si arrivò perfino a combattimenti tra italiani e tedeschi. Antonio ammise apertamente: "Anche mio padre, di stanza in Sicilia, disertò".

Badoglio

Non passò molto tempo prima che l'entourage intorno a Badoglio riuscì a costringere il re italiano ad arrestare il duce. Fu arrestato sul Gran Sasso. Questa è l'altitudine più alta dell'Appennino.

Skorzeny

Il 12/09/1943 Otto Skorzeny riuscì nella sensazionale liberazione del duce, la quale fu uno shock a livello mondiale. Atterrò sul Gran Sasso con il suo Fieseler Storch, caricò il duce sul suo elicottero e insieme volarono a Berlino. I dettagli di questa operazione possono essere consultati cercando "Operazione Quercia".

Conte Ciano

Era il genero del duce. Anch'esso era coinvolto nel complotto contro suo suocero. Aveva il comando delle forze armate in Nord Italia. Il duce subentrò al comando di queste forze italiane rimanenti ed eseguì le azioni militari contro gli Alleati. Fu lui a processare suo genero. Quest'ultimo venne condannato a morte e fucilato per alto tradimento.

Sarah Churchill

A tal proposito mi sovvenne un paragone con Churchill. Costui aveva una figlia prediletta, Sarah. Somigliava al padre sotto molti aspetti. Soprattutto, condivideva la passione del padre per le bevande fortemente alcoliche. Capitò spesso di trovarla ubriaca di prima mattina in qualche strada del centro di Londra. Ovviamente era cosa imbarazzante, essendo questa la figlia del Primo Ministro in carica. Churchill infatti si lamentava spesso a proposito: "Non c'è niente da fare, non capisce proprio, benché continui a ripeterle: le persone decenti bevono a casa. Prendi me come esempio. A colazione una bottiglia di Bordeaux, la bottiglia di whiskey la distribuisco a piccole dosi durante la giornata. E solamente di sera, al club, quando il sole è già tramontato, incomincia la sbornia".

La sbornia

Oggigiorno probabilmente non si usa nemmeno più. Nelle vecchie confraternite studentesche era consuetudine scolarsi il proprio boccale di birra tutto d'un fiato secondo un cerimoniale rigoroso. Questo veniva ripetuto tante volte quante bastavano a decretare il vincitore del pub. La maggior parte di essi, dopo 8 bottiglie di birra, erano talmente "pieni" da dover vomitare. A questo scopo vi era una stanza, nella quale vi erano installati dei vomitatoi, uno accanto all'altro. Due impugnature da afferrare assicuravano una posizione stabile durante il rigurgito.

La sbornia di Churchill si svolgeva secondo il modello russo. Un certo numero di soci del club stava in piedi in fila a un lungo tavolo, di fronte a essi si trovavano lo stesso numero di camerieri, i quali riempivano costantemente i bicchieri vuoti, mentre il simposio alcolico si svolgeva gattonando sotto il tavolo. Una volta ripresa la propria postazione originaria, giungeva un nuovo comando. Il bicchiere veniva svuotato in un sorso. Vinceva chi per ultimo era ancora in grado di ritrovare il suo posto al tavolo.

Il genero di Churchill

Churchill incolpava il genero della cattiva condotta di sua figlia. Era un tossicodipendente e aveva una pessima influenza sulla sua amata Sarah. Allorché Churchill apprese dalla stampa che Mussolini aveva fatto giustiziare il genero, lo portò a suo genero come grande esempio. Gli disse: "Vedi, è così che si fa. Vorrei volentieri emulare Benito e abbatterti semplicemente".

Egli ebbe la risposta pronta. "Sii prudente! Se la tua ammirazione per Mussolini dovesse diventare pubblica, verresti presto denunciato come fascista".

Montecassino

Dopo questa parentesi, Antonio poté proseguire. Spiegò che Montecassino è una montagna alta 516 m, situata direttamente sul mare, quindi un enorme massiccio. Fu l'ostacolo più grande che le truppe alleate incontrarono sulla strada verso Roma. Le battaglie con le maggiori perdite di tutta la guerra furono combattute proprio qui.

Benedetto da Norcia

Nell'anno 600 d.C., Benedetto da Norcia fondò il primo monastero cristiano su quest'enorme rupe. Prima di allora non vi erano monaci nel cristianesimo.
È interessante notare che contemporaneamente a La Mecca e a Medina nasceva l'Islam e si sviluppava fino a diventare una religione del mondo.
Il colossale monastero di Montecassino, il quale si formò in più di mille anni, era uno dei più grandi santuari della cristianità. Affinché questo importante patrimonio culturale dell'umanità non venisse danneggiato dagli atti bellici, i tedeschi avevano delimitato una zona tranquilla nel raggio di 1 chilometro. Il papa confermò agli inglesi e agli americani che in realtà in quest'area non vi era nessun militare di stanza, cosicché gli Alleati non pensassero fosse solo uno stratagemma al fine di ottenere dei vantaggi.

Bombardamento

Churchill ed Eisenhower, naturalmente, se ne fregarono. 230 aerei lanciarono migliaia di tonnellate di bombe su questo monastero. Morirono tutti i 400 monaci benedettini all'interno e 900 donne e bambini, che avevano trovato rifugio nell'abbazia nella speranza di essere ivi sicuri, lontani dai combattimenti. Il monastero fu distrutto completamente, fino alle fondamenta.

Il salvataggio del patrimonio artistico

Il generale Kesselring, il quale sospettava fin dal principio che Churchill non sarebbe rifuggito di fronte alla distruzione del patrimonio artistico, mise al sicuro i più importanti tesori artistici del monastero: dipinti di Leonardo, Tiziano, il tesoro d'oro, i calici, gli ostensori, ...
Li trasportò a Roma per mezzo di autocarri, ivi furono immagazzinati all'interno del Castel Sant'Angelo. Churchill era fuori di sé. Niente benzina per i veicoli bellici e questo generale idiota la consuma per trasportare cianfrusaglie senza valore. Dovrebbe essere giustiziato sommariamente.

La reazione di Roosevelt

La distruzione totale di questo santuario cristiano di 1400 anni, fu venduta da Roosevelt al popolo americano come segue: "Abbiamo distrutto il centro di trasmissione dei tedeschi". Nelle rovine del monastero, infatti, era stato ritrovato un Volksempfänger ammaccato. Il Volksempfänger (ricevitore del popolo) era la radio della povera gente che non si poteva permettere una radio di marca.

Una battaglia internazionale

Dopo la distruzione del monastero, ovviamente, l'intera area venne inclusa dai tedeschi come zona di combattimento. Resistettero all'assalto degli americani; ressero anche quello degli inglesi. Anche i canadesi non riuscirono a prendere Montecassino. Quindi vennero chiamati i polacchi, noti per i loro legami particolarmente stretti con la Chiesa cattolica. Vennero persuasi dicendo che i tedeschi avrebbero imprigionato il papa a Roma, quindi la strada per la capitale doveva essere libera al più presto, affinché il papa a Roma potesse essere salvato. Infine, i polacchi riuscirono veramente a conquistare l'altitudine, ma con grandi perdite. Il cimitero polacco ai piedi della montagna testimonia ancor oggi le numerose vittime dell'armata polacca in esilio.

Sikorski

Questo fatto è particolarmente infame, poiché l'iniziativa di Churchill per assassinare il governo polacco in esilio si svolse all'incirca in questo periodo. Durante l'avanzata dei tedeschi nella campagna di Russia, venne scoperta Katyn', dove Stalin, all'inizio della guerra aveva fatto uccidere 30.000 ufficiali e membri del ceto elevato polacco. Sikorski e i membri del suo governo volevano chiarire la questione. Erano in volo sopra Gibilterra e volevano proseguire per richiedere un'indagine da parte della Croce Rossa. Churchill non poteva permetterlo, poiché non voleva turbare gli alleati polacchi di Stalin. Pertanto, al pilota venne ordinato di far precipitare l'aereo in mare. Lui avrebbe potuto salvarsi grazie al paracadute. A parte lui, non si salvò nessuno dei passeggeri.

Lotta di classe

Churchill sapeva bene che Stalin, combattente di classe, avrebbe eliminato il ceto elevato, ove possibile. Naturalmente, sapeva anche che era successo lo stesso a Katyn', dove Stalin aveva occupato i territori della Polonia orientale. Tuttavia, non poteva ammettere ufficialmente di collaborare con un tale alleato. Almeno il popolo polacco non l'avrebbe accettato.

Una ferita che non si rimargina

Katyn' è tuttora una ferita aperta tra polacchi e russi. Sebbene Putin abbia riconosciuto la colpa per il massacro e si sia reso disponibile a onorare la giornata commemorativa insieme al governo polacco, i polacchi si sono rifiutati. L'intera delegazione governativa voleva commemorare il massacro il giorno seguente, in solitudine e senza la presenza dei russi. L'incredibile catastrofe fu poi che l'aereo precipitò con la delegazione ufficiale del governo. Il presidente, tutti i ministri, i segretari di Stato, ... 90 persone, tutte, senza eccezione, persero la vita. Kaczyński, il fratello gemello del presidente, incolpò il governo russo per questo incidente.

Guerra per Roma

Dopo la caduta di Montecassino, la strada per Roma era aperta. Siccome Roma, la città eterna, è un patrimonio culturale dell'umanità di prim'ordine, nessuno dei suoi tesori artistici doveva andare distrutto. Pertanto, fu dichiarata città aperta, ossia nessun soldato era di stanza in città. Se una città doveva essere contestata, veniva dichiarata fortezza. È evidente che questo non accadde a Roma.

Incendio di Roma

Roosevelt, il quale non aveva la minima idea di storia, sapeva, tuttavia, che l'imperatore Nerone divenne celebre per il grande incendio di Roma. Voleva diventare famoso quanto Nerone, il suo nome doveva passare alla storia dell'umanità grazie alla totale distruzione di Roma. Questo intento venne sciorinato nelle pubblicità di tutto il mondo, cosicché il papa stesso dovette intervenire per impedire questo crimine.

Scambio di lettere

Seguì un lungo scambio epistolare tra lui e Roosevelt, nel quale il papa espose l'unicità delle collezioni vaticane. Eppure, questo non fece altro che fomentare ancora di più l'avidità di Roosevelt, poiché maggiore era il danno della distruzione, più celebre sarebbe diventato il suo nome. Un giornalista americano, il quale voleva scattare la foto della sua vita allorché la cupola di San Pietro sarebbe crollata, si precipitava a ogni allarme aereo all'ultimo piano del suo albergo con vista sulla basilica di San Pietro e vi puntava la sua macchina fotografica, sperando di essere pronto al momento giusto.

Suor Pascalina

La perpetua del papa, una suora di Altötting, origliava alla porta quando il delegato del presidente americano cercava di ricattare il pontefice. Spiegò che l'intera città romana sarebbe stata ridotta a un cumulo di macerie se il papa non avesse scomunicato tutti i cattolici nell'esercito tedesco. La risoluta suora non riuscì più a trattenersi. Spalancò la porta e disse al diplomatico americano: "Abbandoni immediatamente la sala delle udienze. È ora di pranzo. Sua Santità ha una salute molto cagionevole. Ha urgente bisogno di un brodo ristretto".

Scalpore

Ovviamente questo destò enorme scalpore. Il papa dovette cacciare la sorella. Non poteva più essere la sua perpetua. Nei giornali di Londra e New York affioravano caricature. Raffiguravano la suora tedesca seduta sul trono papale e Papa Pio che le baciava i sandali. Questa notizia fece anche il giro dell'Italia. Si parlava di papessa tedesca.

La stazione radio

In Vaticano vi è una stazione trasmittente. In caso di massima emergenza, il papa vi ricorreva. In questa trasmissione si rivolse a Roosevelt e disse: "Ho salvato 5.000 ebrei dalla deportazione nei campi di concentramento e li ho nascosti in Vaticano e nelle chiese di Roma. Se ora rade al suolo Roma,

vuole che anche questi 5.000 ebrei perdano la vita. Desidera che in futuro si dica che ha perorato l'Olocausto con 5.000 vittime?".
Ovviamente, Roosevelt sapeva che questi ebrei erano stati nascosti in chiese e conventi. Non gli importava della morte di questi. Ma se ora fosse diventato palese che aveva consapevolmente approvato queste morti, non poteva rischiare.

Distruzione della stazione radio

Roosevelt si infuriò e ordinò immediatamente il bombardamento della stazione di trasmissione nei Giardini Vaticani. I danni furono immensi. Vennero colpiti anche molti edifici del Vaticano, compreso il muro laterale della basilica di San Pietro. Poco dopo la fine della guerra uscirono intere serie di cartoline che documentavano i danni. Oggi ogni ricordo è stato cancellato. Ufficialmente, l'attacco fu attribuito alla Luftwaffe tedesca, che, a quanto pare, avrebbe voluto impedire al papa di avere un'ulteriore occasione per drizzare le sue antenne in direzione America.
L'intimo desiderio di Roosevelt non si esaudì. Non passò alla storia. L'unica cosa che si sa di lui, è che è stato eletto a presidente quattro volte, contro ogni legge. Il quarto mandato, tuttavia, durò solo poche settimane. Durante una seduta per un dipinto, il quale doveva ritrarlo nella posa di Abramo Lincoln e tramandarlo ai posteri, la morte lo colse.

Frascati

Le squadriglie di bombardieri a disposizione e il loro carico di bombe che avrebbero dovuto distruggere Roma, non potevano ritirarsi senza aver ottenuto nulla. Pertanto, Churchill diede l'ordine di bombardare almeno Frascati. Questo è un luogo meraviglioso, a 80 km a sud di Roma, dove, già ai tempi di Cesare, i ricchi romani si ritiravano in estate, poiché qui le piacevoli e fresche brezze dal mare rendono più sopportabile la calura estiva. I ricchi senatori romani avevano qui le loro ville sfarzose e i loro giardini. Durante il Rinascimento, Frascati ospitava i più importanti vescovi e principi della Chiesa in sfarzosi palazzi. È un luogo che appartiene alle antichità più famose d'Italia. È celebre anche per i suoi ottimi vini, il vino bianco secco è il più popolare. Dei 10.000 abitanti dell'epoca, 1.000 persero la vita. Anche un fuoristrada tedesco in transito venne sorpreso dalle bombe. Anche l'autista e il suo passeggero vennero colpiti. Così, Churchill poté annunciare alla stampa: "Siamo riusciti a distruggere un'importante linea di rifornimento dei tedeschi".

Marcia su Roma

Gli Alleati poterono effettivamente marciare su Roma senza dover combattere, senza dover sparare un singolo colpo. Così, la guerra in Italia era in realtà conclusa. Vi furono solo alcuni combattimenti di ripiegamento. Non passò molto tempo prima che le truppe alleate raggiunsero Milano.

Hemingway a Milano

Hemingway, lo scrittore n° 1 dell'epoca, dapprima, aveva avviato il suo coinvolgimento nella guerra all'Internazionale in Spagna. Poi si era unito alle truppe alleate in Italia e aveva marciato su Milano con esse. È curioso notare quali fossero gli interessi di un americano in una città culturale europea così venerabile. A lungo cercò invano, ma finalmente riuscì a trovare un negozio dove si vendesse selvaggina. Ossia: capriolo, cinghiale o lepre. Lui, il grande esperto di caccia grossa come nel film di successo mondiale "Le nevi del Chilimangiaro", o come cacciatore nelle foreste americane o europee, è interessato solo a una cosa: caccia e combattimento. La vita come una lotta. La lotta per la sopravvivenza. Questo è il motto dell'epoca passata. Anche Hitler intitolò il suo libro "Mein Kampf" (La mia battaglia). Dei popoli, sopravvive il più forte. Questa è la convinzione del darwinismo sociale. Churchill, anziché popolo o nazione, adoperava il termine "la razza". Era convinto che la razza più nobile e più capace era proprio quella a cui apparteneva lui stesso, quella ebraica. La madre era un'ebrea americana.

Castel Gandolfo

Questa è la residenza estiva dei papi. Churchill e Roosevelt avevano appreso dal loro ambasciatore in Vaticano che il papa si trovava lì. In quanto massoni del 33° grado, il loro principale dovere era quello di sradicare il cristianesimo. Con la distruzione di Montecassino avevano in effetti già ottenuto un modesto successo iniziale. Invece, il grande colpo della distruzione del Vaticano e di Roma è stato negato loro, poiché gli ebrei ne sarebbero rimasti danneggiati. Ma la persona del papa, in quanto rappresentante di Cristo sulla terra, poteva diventare un bersaglio facile a Castel Gandolfo. Quindi, cominciarono a bombardare l'ampio complesso del castello. Era ora di pranzo e nel cortile interno le sorelle misericordiose erano impegnate a vuotare le grandi brocche ripiene di zuppa per offrirla alle affamate madri in fuga con i loro bambini. 1.600 madri con i rispettivi figli avevano cercato rifugio a Castel Gandolfo, per sfuggire dalle vicende belliche dei paraggi. Speravano di essere ivi al sicuro e di andarsene ancora in vita. Il papa non venne colpito ma persero la vita più di 1.000 madri e i loro figli. Erano tutti in piedi nel cortile per la distribuzione del cibo quando le bombe colpirono il cortile. Per Churchill fu un successo parziale. Perlomeno la convinzione che la Chiesa cristiana potesse offrire protezione fu lesa. La stampa non riferì niente riguardo all'accaduto. Alla domanda risposero: "Probabilmente Castel Gandolfo è stato colpito per errore".

Reminiscenza

Devo ammettere che dal momento in cui si era iniziato a parlare della conquista di Montecassino, tutto era così confuso che non riuscivo più a individuare chi esattamente stesse dicendo cosa. Miroslav e Mila probabilmente i passaggi riguardo Katyn' e il destino dei polacchi con il loro governo in esilio. John raccontò la storia di Roosevelt e del suo coinvolgimento con la mafia, e di Hemingway. Sorprendentemente, Lizzy si intendeva degli eventi che riguardavano il papa. Antonio forniva il suo contributo raccontando degli incombenti eventi bellici in Italia.

Lezione

Insomma, non è possibile lasciare questo caos assoluto così com'è, soprattutto in virtù del fatto che si tratta di crimini atroci. Occorre chiarire ciò che è giusto e ciò che invece è solo un resoconto errato. In effetti sarebbe un modello ideale per una lezione di storia di un liceo.

Lezioni digitali

Nelle scuole tedesche deve essere promosso l'uso dell'iPhone e dei tablet. Sotto la supervisione di un insegnante preparato, gli studenti interessati alla storia potrebbero essere istruiti su come verificare cosa c'è di vero nelle storie su Montecassino, Frascati, Castel Gandolfo e cosa invece è una bufala. Gli studenti potrebbero scegliere tra vari progetti:
è ancora possibile consultare lo scambio epistolare tra Roosevelt e il papa circa l'intenzionale bombardamento su Roma e sul Vaticano?

Ci sono informazioni sull'attacco aereo su Frascati e i relativi retroscena?
Quali fonti si trovano riguardo la battaglia di Montecassino?
Il film "I diavoli verdi di Montecassino" riproduce gli eventi in modo fedele?
Chi ha ordinato i bombardamenti su Castel Gandolfo?
Quali sono le prove della distruzione della stazione radio nei Giardini Vaticani?
Cosa si sa di Suor Pascalina di Altötting?

Criteri

L'insegnante dovrebbe istruire gli studenti su come distinguere un resoconto errato da uno serio. Da questo punto di vista, una lezione simile sarebbe non solo una lezione di storia, bensì più generale, offrirebbe un'istruzione su come rapportarsi con i media. Si spera bene che anche in internet si trovino dei resoconti veritieri.

La fine di Mussolini

Churchill aveva partecipato alla campagna d'Italia. Lui, che era così spesso in cattive condizioni di salute, durante gli eventi bellici si rianimava perfettamente. Il putiferio faceva riaccendere il suo spirito vitale. Quando non succedeva niente, veniva colpito da depressioni così intense da causargli le allucinazioni. Lo perseguitava un cane nero, grande come un vitello. Lo chiamava Black Dog. Era così grave che dovette prendere in considerazione l'aiuto psichiatrico.

Charlie Chaplin

In questa circostanza conobbe personalmente Charlie Chaplin. Anch'egli soffriva di una grave depressione. Entrambi andavano dallo stesso psichiatra e quindi si incontrarono più volte. Durante una passeggiata sulla spiaggia, in occasione di un grande party a Hollywood, diventarono amici. Churchill colse il momento per incoraggiare l'amico a fare un film contro il loro grande nemico comune, Adolf Hitler. Chaplin, come Churchill, era ebreo, e Hitler era il grande oppositore degli ebrei finanzieri internazionali.

Il grande dittatore

Così, nacque il film "Il grande dittatore". Siccome a quei tempi non si potevano ancora riferire le atrocità che rendevano Hitler il più grande mostro nella storia del mondo e del tempo, per il momento doveva essere come minimo messo in ridicolo, alla derisione del pubblico. Chaplin, con il suo film ci riuscì.

Stupore generale

Questa storia d'amicizia tra il grande comico e il grande politico causò un enorme stupore. Ce ne parlò Douglas. Nessuno, a parte Lizzy e John, ne avevano mai sentito parlare prima. Houston, tuttavia, poté comunque aggiungere che i due erano costantemente minacciati da un acuto pericolo di suicidio, per tutta la vita. E gli venne in mente anche un paragone con la più importante opera poetica tedesca, il "Faust".

Suicidio e patto con il diavolo

Riferì:
La singolare opera di Goethe inizia con passaggi enormemente vasti, i quali si dirigono tutti verso un punto culminante, in cui il dottor Faust, con fervore addirittura religioso, vuole celebrare il suo suicidio. E si conclude, invece, con lui che fa un patto con il diavolo.

Black Dog

Durante il cammino pasquale, intrapreso dopo che il suono delle campane di Pasqua gli impedì di compiere il suicidio – aveva già alzato la coppa con il veleno mortale e iniziato a bere – un barbone nero si unisce a lui e non si lascia respingere. Ma nello stretto studio dello studioso, al cane succedono cose incredibili.

> "È un'ombra o è realtà?
> Come si allunga e si allarga il mio barbone!
> Quale spettro mi son portato in casa,
> già sembra un ippopotamo."

Quindi ha già raggiunto le dimensioni del Black Dog di Churchill. E quando il dottor Faust rivolge contro la bestia uno scongiuro, allora

> "Si gonfia come un elefante,
> invade tutto lo spazio"

Solo la minaccia di uno scongiuro con il simbolo della Trinità, il mezzo più potente posseduto dal mago Faust, fa sì che il mostro nero riveli la sua vera identità. Mefistofele, il diavolo, fa la sua comparsa.

> "Questo era dunque il nocciolo del cane"

Faust lo riconosce ora. E con questo diavolo decide di stringere un patto. Vende la sua anima e firma col suo sangue: "Il sangue è un succo molto peculiare".

Satanisti

È noto che Churchill fosse un satanista praticante. Inoltre, è sempre più noto che i massoni dal 30° grado, parimenti gli Illuminati, celebrano culti satanici. È celebre il Bohemian Grove in California, dove tutti i luminari della politica si riuniscono, Kissinger, presidenti americani e tutti i personaggi più importanti dell'establishment.

Lucifero

È il portatore di luce, come dice il suo nome. I suoi adoratori sono gli Illuminati. Ha portato l'età dell'Illuminismo, siècle des lumières. Durante la Rivoluzione francese, la Chiesa e la Religione vennero abolite. I monaci e gli ecclesiastici vennero perseguitati e uccisi. A Notre Dame a Parigi, l'intelletto umano venne incoronato a re. Lucifero è il dio di questo mondo.

Libertà, Uguaglianza, Fratellanza

Parole nobili dovrebbero occultare gli obiettivi reali. Gli ideali della Rivoluzione francese sono:

1. **Libertà** da ogni morale, da ogni diritto, da ogni legge, da ogni senso del pudore, da tutte le precedenti idee morali

2. **Uguaglianza.** Abolizione di ogni gerarchia, di ogni rango, ogni grado. Ognuno dovrebbe essere uguale nella sua illegalità, inutilità in quanto materiale umano per esperimenti medici, in quanto magazzino per organi, i quali possono anche essere trasferiti sotto il nome di "donazione d'organi", e in quanto carne da macello senza volontà.

3. **Fratellanza** nel senso di "e se non vuoi essere mio fratello, ti spacco la testa". Vale a dire, in parole povere, ognuno è condannato all'emulazione, senza poter esprimere la propria volontà o la propria opinione.

Protesta

La testa aveva iniziato a girarmi e anche tra gli altri regnava un silenzio imbarazzante. "Quello che ci stai dicendo, Houston, è peggio di qualsiasi teoria di cospirazione. Hai di certo nuovamente perso le redini del tuo Pegaso e la tua immaginazione ha galoppato lontano ancora una volta". Questa fu la mia obiezione. Charles fu ancora più esplicito: "La tua interpretazione, Houston, circa gli ideali francesi della Rivoluzione, supera anche gli estremisti più estremisti nel suo radicalismo".
Se Houston non fosse stato nostro amico, qualcuno dei presenti avrebbe di certo lasciato la sala per protesta. E comunque, i meravigliosi piatti italiani che gustammo all'inizio della serata, ci rimasero sullo stomaco.

Cynthia

Fu la prima a riacquistare l'uso della parola: "Se la tua descrizione del Cerbero ci aveva già molto storditi, l'interpretazione degli ideali della Rivoluzione ci ha lasciato completamente sciocchati. Ciononostante, vogliamo comunque sentire da Antonio come si è conclusa la campagna d'Italia". Poi però andiamo tutti a casa. Si è già fatto tardi.

Conclusione della campagna d'Italia

Per Antonio, l'unico a essere sopravvissuto quasi ridendo alle catastrofali notizie funeste, la richiesta di Cynthia non fu affatto un problema. Fa parte di quella categoria di persone che non perdono le staffe di fronte a nulla. "laissez faire" e "dolce far niente" erano i suoi motti. Questo gli ha permesso di scivolare attraverso la vita invece di lottare quotidianamente per la sopravvivenza. Meglio aspettare e vedere cosa succede. Questo atteggiamento rende gli italiani così attraenti e amabili anche a noi tedeschi. Quindi iniziò: si fa presto a raccontare la fine della guerra in Italia. Con l'arrivo degli Alleati a Milano, la guerra era di fatto finita. Le ultime truppe disperse del duce si ritirarono nelle montagne e nelle valli delle Alpi italiane del Nord, perseguitate solo da isolati partigiani comunisti.

Cattura del duce

Lo stesso duce, per camuffarsi, aveva indossato un'uniforme tedesca di un sottoufficiale della Wehrmacht e, evidentemente, voleva fuggire attraverso il passo del Maloja per trovare rifugio in Svizzera, quando fu riconosciuto e catturato con i suoi ultimi fedeli durante una razzia dei partigiani comunisti sul lago di Como.

Avviso

Churchill, il quale era entrato con le truppe alleate a Milano, venne a sapere della cattura dai suoi informatori dei servizi segreti. Sentì il bisogno di "rilassarsi" un po', riposare dalle fatiche della campagna militare. Andò quindi sul lago di Como per qualche giorno di relax.

Giulino di Mezzegra

Sapeva benissimo dove doveva recarsi per "rilassarsi", per l'appunto a Giulino di Mezzegra, poiché era proprio qui che i partigiani comunisti tenevano prigionieri il duce e suoi compagni. Si mise in contatto con loro e voleva indurli a consegnargli il duce. Tuttavia, nonostante la lauta offerta in dollari, questi non erano disposti a consegnare i prigionieri. Il merito di averlo catturato, era tutto loro.

Ordine di sparare

A ogni modo, Churchill doveva impedire a tutti i costi che Mussolini venisse messo di fronte a un giudice. Troppi governi inglesi e lui stesso erano coinvolti nella costruzione e nel finanziamento del fascismo in Italia. Questo non doveva in nessun modo diventare di pubblico dominio. Nessun prezzo era troppo alto. Con minacce brutali e magnifiche promesse, riuscì a persuadere i partigiani a sparare al duce e ai suoi compagni. L'avrebbe ordinato lui stesso pur di evitare un processo.

I cadaveri

I cadaveri del duce, della sua amante Clara Petacci e dei suoi compagni furono gettati su un camion che li portò a Milano. Churchill aveva ideato uno spettacolo speciale. In piazzale Loreto vennero scaricati, cosicché la marionetta, che trova piacere in questi divertimenti, potesse profanare i loro cadaveri.

Cortometraggio di 16 minuti

Un regista amatoriale riprese quello che successe in quel momento. La registrazione esiste ancora. Mostra come la gente comune, uomini e donne, calpestò i cadaveri. Calpestavano i visi con gli stivali e le scarpe, li presero a calci in testa, ... Dal loro entusiasmo si capisce quanto piacere ne traevano.

Appendere

Dopodiché Churchill ordinò di appendere i cadaveri martoriati a testa in giù per lo spettacolo e il divertimento del pubblico. Una tragedia veramente edificante agli occhi del fantasioso poeta Churchill. Alla pari con Shakespeare, suo connazionale. Aggiunse prontamente anche la morale della storia. Una citazione del duce stesso: "Ognuno muore come, secondo il suo carattere, deve morire".

"Ebbene, questo è quanto"

Così, Antonio concluse le sue esposizioni. Soggiunse il silenzio. Anche la lezione di Antonio, pieno di gioia di vivere, ci lasciò perplessi. "Il sipario è chiuso e tutte le domande sono aperte", questa era la citazione con cui Brecht concludeva le sue opere al Theater am Sciffbauerdamm di Berlino. Ma noi non potevamo chiudere così la nostra serata. Perciò Houston fissò ancora un ultimo punto. Disse che una fine orrenda perlomeno è una fine, ed è meglio di un orrore infinito. Almeno la guerra in Italia si era conclusa.

La fine di Hitler

Aveva saputo della fine del suo amico e compagno d'armi Mussolini, e anche di come il suo cadavere e quello dalla sua amata erano stati dati in pasto al popolo per profanazione e divertimento. Sapeva che Churchill aveva in mente qualcosa di simile per la sua fine. Doveva essere messo in mostra al popolo esultante in una gabbia per tigri del circo Sarrasani, appeso per le mani e per i piedi, durante una processione trionfale lungo Broadway e Times Square a New York.

Cremazione

Pertanto, ordinò che lui ed Eva Braun venissero cosparsi di benzina dopo il loro suicidio, affinché bruciassero fino a essere irriconoscibili. Questo successe due giorni dopo gli eventi di Milano. Hitler scrisse nel testamento del 29/04/1945: "Inoltre, non voglio cadere nelle mani dei nemici, i quali hanno bisogno di un nuovo spettacolo organizzato dagli ebrei, per divertire le loro masse fomentate".

Un buon finale

Purtroppo, neanche io posso offrirvi un finale più conciliante; così concluse Houston la sua ultima arringa. Con la morte dei due dittatori, la guerra calda era per il momento finita, anche se la guerra fredda continuò immediatamente. Questa lotta si infuriò particolarmente su Berlino, dove la divisione della città in 4 settori portò a scontri infiniti.

Speranza

I racconti sulla storia del mondo, i quali hanno avuto origine principalmente da Londra, non sono ancora terminati. Le annotazioni del nostro amico Henry sono arrivate solo all'ottavo giorno. Ma il libro non deve rimanere un ottamerone. Mancano ancora il nono e il decimo giorno. Una terza parte porterà a termine le storie dei 10 giorni, il Decamerone. Vi invito tutti a casa mia per la prossima serata letteraria. Dove discuteremo gli inizi più promettenti per un mondo pacifico, la fondazione dell'ONU e la creazione di un'Europa unita, come proclamato da Churchill nel suo famoso discorso di Zurigo. È soprattutto in questo discorso che "il malvagio" si è trasformato in una luce, un salvatore e un redentore dell'umanità.

Vista

Tutti gli anni, in primavera, quindi a febbraio, quando a Londra il clima diventa ostile, andiamo insieme in Costa Azzurra, da anni ormai. Lì, ci godiamo la sfilata dei carri floreali al mardi gras di Nizza e la festa del limone a Mentone. Vogliamo godercela di nuovo insieme la prossima primavera. In questo modo, i nostri racconti dei 10 giorni finiranno lì dove sono iniziati quasi 70 anni fa.

Saluti

Houston ci promise che avrebbe reso nota la data dell'incontro a casa sua in tempo. Tutti avevano riacquistato il buon umore. Tutti parlavano di nuovo con il proprio vicino con entusiasmo per le piccole cose quotidiane. Antonio offrì a tutti ancora una grappa e così questa ottava giornata si concluse in allegria.